Bayerischer Landwirtschaftsverlag

Gartenpläne
für kleine Flächen

Einfach nachgestalten
für Reihen- und Doppelhäuser

HELGA
GROPPER

Was Sie in diesem Buch finden

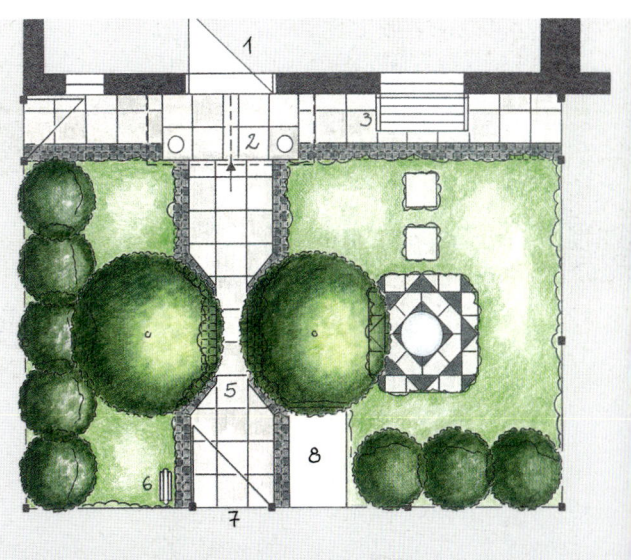

Einführung

Wohl jeder Gartenliebhaber träumt von einem perfekt gestalteten Garten, harmonisch in den Proportionen, schön bepflanzt und geschmackvoll ausgestattet. Um diesen Traum in die Realität umzusetzen, ist es keineswegs erforderlich, ein großes Grundstück zu besitzen. Die Schönheit eines Gartens ist gänzlich unabhängig von seiner Fläche, und selbst auf kleinstem Raum können, wenn gestalterischen Aspekten die nötige Aufmerksamkeit geschenkt wurde, wahre gärtnerische Juwelen entstehen.

Unabdingbar für einen gelungenen Gartenentwurf sind jedoch einige grundsätzliche Überlegungen und sorgfältige Planung, ohne die es ein harmonisches Ganzes, einen Garten »wie aus einem Guss«, nicht geben kann. Natürlich ist es möglich, sich den Garten vom Design bis zur Ausführung von einer Firma gestalten zu lassen, es ist für einen Gartenfreund aber wesentlich befriedigender (und das Ergebnis wird sicherlich persönlicher ausfallen), wenn man eigene gestalterische Ideen in die Planung mit einbringen kann. Dies ist auch für einen Hobbygärtner ohne Weiteres möglich, setzt aber die Bereitschaft voraus, sich mit der Materie etwas eingehender zu beschäftigen. Dabei können Gartenbücher sehr hilfreich sein, denn sie sind eine Quelle für Ideen, liefern Inspirationen für die eigene Gartenplanung, erleichtern das Finden des persönlichen Gartenstils und schulen den Blick für harmonische Proportionen und Formen. Zur Anregung und Ideenfindung soll auch das vorliegende Buch dienen, einmal durch einige grundsätzliche Überlegungen zur Gartengestaltung, vor allem aber durch die daran anschließenden Pläne für kleine und sehr kleine Gärten, die, eine entsprechende Grundstücksgröße und Standortgegebenheiten vorausgesetzt, als Basis für einen eigenen Gartenentwurf dienen können.

GRUNDLAGEN DER PLANDARSTELLUNG:

> **Ausrichtung:** Alle Pläne sind genordet, das heißt, Terrasse und Garten befinden sich stets auf der Südseite des Gebäudes, so wie es auch in der Realität mit geringfügigen Abweichungen in der Regel der Fall ist.

> **Perspektive:** Die perspektivischen Zeichnungen dienen vor allem dazu, einen Gesamteindruck der Planung zu vermitteln und stellen, insbesondere in Bezug auf die Bepflanzung, eine Idealisierung dar. Die Darstellung blühender Pflanzen dient hauptsächlich der Verdeutlichung des gewählten Farbkonzeptes und bedeutet nicht zwingend, dass die Blütezeitpunkte der vorgestellten Pflanzen auch wirklich wie in der Grafik zusammenfallen.

> **Bepflanzungsvorschläge:** Die angegebenen Pflanzen sind als Vorschläge zu verstehen. Für die Umsetzung des jeweiligen Gartenentwurfes können auch andere Arten oder Sorten verwendet werden. Am wichtigsten ist zunächst der Gartenentwurf an sich und die Aufteilung der Fläche, die Bepflanzung kann individuell geplant werden. Eine Übernahme der Bepflanzungsvorschläge ist nur dann sinnvoll, wenn die gegebenen Standortfaktoren den Pflanzen zusagen. Prüfen Sie in jedem Fall sorgfältig die Bedingungen in Ihrem Garten.

Wie plane ich meinen Garten?

1 Ansprüche an den Garten

Die Grundlage einer jeden Gestaltung ist, sorgfältig zu überlegen, was Sie sich von Ihrem Garten wünschen und welchen Anforderungen er genügen soll, denn die Ansprüche an Gärten sind so mannigfaltig wie die Menschen, denen sie gehören.

Eine Familie mit kleinen Kindern nutzt ihren Garten anders als beispielsweise ein Pflanzenliebhaber, der in seinem Garten viel Platz für Pflanzenbesonderheiten haben möchte und über ausreichend Zeit verfügt, diese anspruchsvollen Pflanzungen auch zu pflegen. Gartenbesitzer, die voll berufstätig sind, könnten sich dagegen mit pflegeaufwendigen Pflanzflächen überfordert fühlen und würden sich idealerweise, um ihren Garten auch wirklich genießen zu können, für eine pflegeextensive Anlage entscheiden. Welche Ausstattungselemente soll Ihr Garten beinhalten? Wünschen Sie sich einen Brunnen, einen Teich oder vielleicht sogar einen Schwimmteich? Eine Rosenlaube oder einen anderen schattigen Sitzplatz? Möchten Sie eine große Terrasse, die ausreichend Ruheplätze und Platz für geselliges Beisammensein bietet? Wie viel Platz soll den Kindern zum Spielen eingeräumt werden? Erst wenn alle diese Fragen geklärt sind und Sie sich genau überlegt haben, was alles untergebracht werden soll, kann die eigentlich Planung beginnen.

2 Klare Linie, harmonische Form

Grundsätzlich kann man einen Garten auf zweierlei Arten gestalten: entweder formal, das bedeutet, dass die Flächenaufteilung hauptsächlich geometrischen Formen folgt und es meist eine oder mehrere Achsen gibt, die in der Regel symmetrisch aufgebaut sind, oder frei, mit eher »natürlich« anmutender,

geschwungener Linienführung, wobei »frei« aber keineswegs beliebig bedeutet.

Auch Mischformen aus formaler und freier Gestaltung sind möglich, zum Beispiel wenn eine größere Fläche in einzelne Gartenräume gegliedert ist, von denen dann jeder für sich eine eigene Stilrichtung beherbergt, oder durch eine Gliederung der Gesamtflächen in geometrisch gestaltete Einzelflächen, die aber nicht axial angeordnet sind. Gerade bei kleinen Gärten wirkt eine strenge oder formale Gestaltung durch die klare Aufteilung der Fläche häufig am besten. Egal welchem Gestaltungsstil Sie den Vorzug geben, es ist von entscheidender Bedeutung für einen gelungenen Entwurf, den Garten in seiner ganzen Fläche von Anfang an durchzuplanen. Machen Sie keinesfalls den Fehler, zunächst nur in einem Teilbereich des Gartens gestalterisch tätig zu werden, zu einem späteren Zeitpunkt dann ein weiteres Stück fertigzustellen und irgendwann noch später, wenn man Zeit und Lust hat, den Rest in Angriff zu nehmen. Das Ergebnis einer solchen »Planung« kann man in vielen Gärten sehen: Eine lose Aneinanderreihung von Einzelelementen, die häufig in keinerlei Bezug zueinander stehen und ein entsprechend unbefriedigendes Bild bieten.

Planen Sie gleich Ihren gesamten Garten und beziehen Sie alle Wünsche und Erfordernisse mit ein, selbst dann, wenn manche Bestandteile der Planung nicht sofort umgesetzt werden können, zum Beispiel, weil kurze Zeit nach dem Hausbau oder -kauf die finanziellen Mittel erschöpft sind. Auch wenn Elemente wie der Pavillon oder der Schwimmteich nicht sofort gebaut werden können, müssen sie dennoch in den Plan einbezogen, die Flächenaufteilung des Gartens darauf abgestimmt und ihr zukünftiger Standort von Anfang an festgelegt werden.

3 Raumbildung

Räumliche Wirkung im Garten entsteht vor allem durch vertikale Gestaltungselemente, die aber durchaus nicht immer von großer Höhe sein müssen. Auch niedrige Schnitthecken, kleine Sträucher, Reihen von Stammrosen, Staudenflächen oder sogar Reihen aus Pflanzgefäßen tragen zur Raumbildung im Garten bei. Bei der Gestaltung hat man nun zwei Möglichkeiten: Man kann entweder den ganzen Garten als einen Raum betrachten, oder man kann ihn in verschiedene Teilräume untergliedern.

Erstere Herangehensweise würde man vielleicht bei einem sehr kleinen Garten oder einem Innenhof wählen, wo die Kleinheit der Fläche eine weitere Unterteilung nicht sinnvoll erscheinen lässt, oder auch bei einem formal gestalteten Garten, dessen architektonische Elemente und symmetrischer Aufbau in einem offenen, ganzheitlichen Raum besser zur Geltung kommen.

Eine Gliederung des Gartens in verschiedene, voneinander getrennte Räume dagegen erhöht die Spannung der Gestaltung. Wenn man zum Beispiel von der Terrasse nicht den ganzen Garten einsehen kann, weckt dies das Interesse des Betrachters und verlockt dazu, den Garten erforschen zu wollen. Durch die Aufteilung der Fläche und die Möglichkeit, einzelne Räume nacheinander zu durchschreiten, wirkt der Garten größer, als er tatsächlich ist. Auch ergeben sich durch die Raumbildung andere gestalterische Möglichkeiten, denn man könnte zum Beispiel einzelne Teilbereiche streng und formal gestalten, andere dagegen frei, oder man experimentiert in den einzelnen »Gartenzimmern« mit unterschiedlichen Bepflanzungsarten oder Farben.

Die geschwungene Linienführung in diesem Garten vermittelt einen ungezwungenen, naturnahen Eindruck.

Von großer Bedeutung ist die Abgrenzung des Gartens nach außen. Bei großen Gärten, vor allem im ländlichen Raum, lässt man häufig den Garten sich nach außen öffnen, zum Beispiel durch einen Zaun, über den man hinwegblicken kann, oder indem man Hecken auf längere Strecken öffnet und auf diese Weise ein »Fenster« in die umgebende Landschaft entstehen lässt, welche so in die Gartenplanung mit einbezogen wird. Bei kleinen Gärten hingegen und in einem Umfeld, das entweder urban oder stark von Siedlungsstrukturen geprägt ist, wird man meist danach trachten, den Garten als einen nach außen abgeschlossenen Raum zu gestalten und sich auf diese Weise einen privaten Bereich zu schaffen, den man als Rückzugsmöglichkeit von der Außenwelt und intime Oase empfindet. Jedoch sollte man speziell in kleinen und sehr kleinen Gärten sorgfältig überlegen,

welcher Art von Grundstücksabgrenzung man den Vorzug gibt. Nicht in Frage kommen wird in der Regel eine frei wachsende Hecke aus Blütensträuchern, da sie zu viel Raum einnimmt; aber auch eine Schnitthecke kann für ein sehr schmales Grundstück unter Umständen schon zu breit werden.

Eine in jeder Hinsicht vorteilhafte Grenze stellen Gartenmauern dar: Einmal errichtet, schützen sie vor Wind und neugierigen Blicken, sind pflegeleicht, ästhetisch ansprechend und bilden geschützte, kleinklimatische Bereiche, die je nach Ausrichtung (sonnig, schattig) den Bedürfnissen so mancher Pflanze entgegenkommen.

Für den kleinen Garten eignen sich auch gut Flechtwände oder Spalierwände zum Beranken, da sie von allen genannten Möglichkeiten am wenigsten Platz einnehmen. Es gibt sie in verschiedenen Materialien,

Formal gestaltete Gärten bestechen durch ihre klaren Linien und harmonischen Proportionen.

Farben und Ausführungen, und insbesondere Spalierwände können, wenn sie entsprechend bepflanzt wurden, sehr schön wirken.

4 Bepflanzung

Die Bepflanzung eines Gartens bildet einen Schwerpunkt in dessen Gestaltung. Man stellt es sich am besten so vor, dass durch Formgebung und Aufteilung der Fläche ein äußerer »Rahmen« entsteht, der nun durch Pflanzen, Ausstattungsgegenstände und Materialwahl ausgefüllt wird. Dabei kommt den Pflanzen in aller Regel eine Hauptrolle zu, und von einer gelungenen, ansprechenden Bepflanzung hängt ganz wesentlich ab, ob man einen Garten als schön empfindet oder nicht. Wie schon bei der Festlegung der Funktionen des Gartens und bei der Gestaltung des äußeren

Rahmens sollte man auch bei der Bepflanzungsplanung sorgfältige Vorüberlegungen anstellen.

Die Grundlage einer jeden erfolgreichen Pflanzung ist eine genaue Ermittlung der Standortfaktoren im Garten. Damit sind im Wesentlichen Licht- und Schattenverhältnisse, die Beschaffenheit des Bodens, seine Versorgung mit Wasser und Nährstoffen sowie sein pH-Wert und äußere Faktoren wie Niederschlagsmenge, Windexposition und durchschnittliche Kältegrade im Winter gemeint.

Erst wenn Sie sich über die Standortverhältnisse in Ihrem Garten im Klaren sind, können Sie anfangen, sich Gedanken über die Pflanzenauswahl zu machen. Beherzigen Sie in jedem Fall den äußerst sinnvollen Grundsatz, dass man stets die Bepflanzung an den Standort anpassen sollte, und nicht umgekehrt. Damit ist gemeint, dass man zum Beispiel in einem

Auf sonnigen Beeten lassen sich üppig blühende Pflanzungen in leuchtenden Farben verwirklichen.

Auch im Schatten entstehen durch die Kombination aus Grüntönen und Blütenfarben schöne Bilder.

für Rhododendren ungeeigneten Boden nicht die Erde im vorgesehenen Beet gegen ein spezielles Substrat austauschen sollte, nur um unbedingt die gewünschten Pflanzen im Garten ansiedeln zu können. Solche Versuche sind meist auf lange Sicht zum Scheitern verurteilt, und das Ergebnis wird selten hundertprozentig zufriedenstellend sein, von dem erforderlichen, oft nicht unerheblichem Arbeitsaufwand und den damit verbundenen Kosten einmal abgesehen. Arbeiten Sie mit den Bedingungen, die Sie in Ihrem Garten vorfinden. Es gibt nur sehr wenige Gartensituationen, in denen eine ansprechende Gestaltung und ein gutes Gedeihen der Pflanzen wirklich nicht mehr möglich sind.

Erliegen Sie nicht der Versuchung, ohne genaue Vorstellung, was und wie viel Sie pflanzen wollen, in eine Baumschule oder ein Gartencenter zu fahren und dort planlos und womöglich nach rein optischen Gesichtspunkten Pflanzen auszusuchen, die ihnen gefallen. Informieren Sie sich vorab in Fachbüchern und Katalogen oder lassen Sie sich in der Baumschule oder Gärtnerei beraten, welche Pflanzen aufgrund ihrer Ansprüche für Ihren Garten in Frage kommen und wählen Sie daraufhin diejenigen aus, die Ihnen zusagen. Beachten Sie bei der Pflanzenzusammenstellung auch, welchen Pflegeaufwand eine Pflanzung von der Art, wie Sie sie planen, ungefähr erfordern wird. Auch das bestgeplante Beet kann nur dann auf Dauer schön bleiben, wenn es kontinuierlich gepflegt wird, wobei es aber bezüglich des Zeitaufwandes deutliche Unterschiede gibt. So erfordert zum Beispiel eine anspruchsvolle Pflanzung mit Rosen oder Prachtstauden deutlich mehr Pflege als eine, in der Bodendecker und Stauden mit Wildcharakter vorherrschen.

Für ein solch prächtiges Blütenmeer ist eine sorgfältige Planung der Pflanzflächen erforderlich. Nur wenn die einzelnen Pflanzengruppen gut aufeinander abgestimmt sind, entsteht ein dauerhaft schönes Bild.

Legen Sie genau fest, welche Pflanze an welche Stelle im Garten gepflanzt werden soll. Gehen Sie sowohl bei der Planung als auch bei der Pflanzung nach dem Schema »von Groß zu Klein« vor, das heißt, Sie planen und pflanzen zunächst die Bäume (bei einem kleinen Garten kann es auch nur einer oder gar keiner sein), dann Sträucher, anschließend Kleinsträucher, Rosen und Kletterpflanzen und ganz zuletzt Blütenstauden und Bodendecker.

Beachten Sie insbesondere bei Bäumen und Sträuchern die Höhe und Breite, die die Gehölze im ausgewachsenen Zustand einmal erreichen werden, und wählen Sie entsprechend klein bleibende Arten oder Sorten aus. Dies ist insbesondere in Gärten mit begrenztem Raumangebot von größter Wichtigkeit. Es gibt eine Reihe kleinkronige Bäume sowie Sträucher von moderater Größe, die sich auch für kleine und

sogar sehr kleine Flächen gut eignen. Begehen Sie nicht den Fehler, stark wachsende Gehölze zu verwenden in dem weit verbreiteten Irrglauben, dass man sie ja schneiden könne. Die meisten Gehölze (von Formschnittgehölzen einmal abgesehen) präsentieren sich nur dann in ihrer ganzen Schönheit, wenn sie ihre natürliche Wuchsform behalten dürfen, und nicht fachgerechte oder aufgrund des starken Wuchses zu häufig durchgeführte Schnittmaßnahmen beeinträchtigen die ästhetische Wirkung eines Baumes oder Strauches meist empfindlich.

Pflanzen Sie auch auf keinen Fall zu dicht. Pflanzen brauchen Raum, um sich zufriedenstellend entwickeln zu können. Falls Sie ungeduldig sind und von Anfang an bei der Bepflanzung Ihres Gartens ein Ergebnis wünschen, das einem eingewachsenen Garten nahekommt, so empfiehlt es sich, bei Bäumen und Sträuchern Solitärpflanzen zu wählen, die sich in der Größe (und natürlich auch im Preis!) von den üblichen Containerpflanzen deutlich unterscheiden.

Messen Sie die für Blütenstauden und Bodendecker vorgesehenen Flächen genau aus, um die erforderliche Menge ermitteln zu können. Pflanzen Sie auch hier keinesfalls zu dicht, nur damit die Beete von Anfang an ausgefüllt sind, sondern behelfen Sie sich, falls Ihnen die Pflanzung zu »mager« erscheint, in den ersten ein bis zwei Standjahren lieber mit Sommerblumen oder zweijährigen Pflanzen. Achten Sie auf die Zusammenstellung der Blüten- und Laubfarben. Gartenfreunden, die die Auffassung »je bunter, desto schöner« vertreten, soll dies nicht verwehrt werden, aber häufig wird eine Beschränkung auf drei bis vier Farben und deren Abstufungen besonders in kleinen Gärten doch als schöner und harmonischer empfunden.

Richten Sie jedoch bei der Auswahl der Pflanzen nach ästhetischen Kriterien Ihre Aufmerksamkeit keinesfalls nur auf die Blütengröße und -farbe. Pflanzen haben an Schönheit wesentlich mehr zu bieten als nur ihre Blüten. Beachten Sie zum Beispiel Besonderheiten

Kleinkronige Gehölze wie diese Felsenbirne lassen sich besonders gut in Mischpflanzungen integrieren.

der Wuchsform, Farbe und Textur des Laubes, Herbstfärbung und Ausbildung von Früchten, Lichtreflexionen auf glänzendem oder die Bildung von Tautropfen auf samtigem Laub sowie bei Gehölzen Farbe, Zeichnung und Beschaffenheit der Rinde und lassen Sie so lebendige Gartenbilder voller Anmut entstehen.

5 Ausstattung und Materialwahl

Eigentlich gilt sowohl bei der Ausstattung des Gartens mit Mobiliar, Bauten und dekorativen Elementen als auch bei der Materialwahl die Regel »erlaubt ist, was gefällt«, aber einige Grundsätze sollte man dennoch beherzigen:

Überladen Sie Ihren Garten nicht! Setzen Sie insbesondere schmückende Objekte sparsam und gezielt ein, damit die Dekorationsgegenstände nicht miteinander um die Aufmerksamkeit des Betrachters konkurrieren, und beschränken Sie sich auf nur wenige Materialien. Veranstalten Sie kein wildes Durcheinander von Formen und Farben, sonst wirkt der Garten leicht unruhig und unharmonisch, und bevorzugen Sie schlichte, klassische Formen, an denen man sich nicht absieht. Legen Sie Wert auf »Echtheit«. Vermeiden Sie alle Dinge, die vorgeben, etwas anderes zu sein, als sie tatsächlich sind, seien es nun Pflanzgefäße aus Plastik, die optisch auf Terrakotta getrimmt sind, Kunststoffwasserbecken in Nierenform, die ein natürliches Gewässer vortäuschen sollen, oder Plastikgartenstühle in Holzoptik. Einem Plastikpflanzkübel darf man ruhig ansehen, dass er aus Plastik und nicht aus Holz oder Ton ist, und ein von Menschen gebautes Wasserbecken darf auch ohne Weiteres gebaut und architektonisch aussehen und braucht keine »natürliche« Form vorzutäuschen.

Informieren Sie sich auch vor der Auswahl von Pflastersteinen, Platten, Holz oder Gartenmöbeln sorgfältig, insbesondere über mögliche Alternativen. So müssen zum Beispiel nicht zwingend exotische Hölzer wie Teak oder Bangkirai verwendet werden, es gibt für den Außenbereich auch gut witterungsbeständige heimische Hölzer wie Lärche oder Eiche.

Bei Pflaster- oder Plattenbelägen muss es nicht immer Naturstein sein, obwohl dies die schönste, leider auch etwas kostenintensivere, Möglichkeit darstellt. Wenn sich beispielsweise ein Terrassenbelag aus Naturstein als zu teuer erweisen sollte, könnte man ohne Weiteres eine kostengünstigere Alternative aus Beton in Betracht ziehen, denn es gibt mittlerweile eine große Palette optisch durchaus ansprechender Produkte in verschiedensten Ausführungen.

Eine zurückhaltende, gezielte Wahl von Materialien und Ausstattungselementen, die gut aufeinander abgestimmt sind, hat einen nicht unwesentlichen Einfluss auf die Schönheit eines Gartens und kann so einen wichtigen Beitrag dazu leisten, einen Eindruck von Vollkommenheit entstehen zu lassen.

Wer seinen Garten liebt, der wird ihn auch immer mit sehr persönlichen Gegenständen ausstatten.

Ein familienfreundlicher Garten

Bei diesem Reihenhausgarten wurden die unterschiedlichen Bedürfnisse der verschiedenen Familienmitglieder berücksichtigt. Auf der Terrasse am Haus ist Platz zum Essen und für geselliges Beisammensein. Die diagonal verlegten hellen Platten erzeugen einen Eindruck von Geräumigkeit. Eine gemauerte Grillstelle ergänzt die Nutzungsmöglichkeiten am Sitzbereich, wenn dies gewünscht wird; andernfalls könnte man sie selbstverständlich auch weglassen. Die Terrasse lässt außerdem Platz für Kübelpflanzen oder andere Lieblingspflanzen in Töpfen, die besondere Aufmerksamkeit verlangen.

Raum für Kinderspiel

Der Zugang zum eigentlichen Gartenbereich wird durch zwei Bäume mit säulenförmigem Wuchs betont, die eine Art Tor bilden. Man betritt eine kleine Rasenfläche, die auf der Südseite von berankten Spalierwänden begrenzt wird. An den Seiten ist sie von Pflanzflächen und einem Sandspielbereich für kleinere Kinder umgeben, der wie die Rasenflächen selbst mit einer Pflasterzeile eingefasst ist. Wenn die Kinder eines Tages dem Sandspielalter entwachsen sind, könnte man den Sandkasten ohne viel Aufwand in ein Wasserbecken umwandeln, das man am besten

Eine schön bepflanzte und möblierte Terrasse lädt zum Aufenthalt im Freien ein und bildet einen erweiterten Wohnraum, der von allen Familienmitgliedern in der warmen Jahreszeit gern genutzt wird.

Farbenfrohe Pflanzen um den Sandkasten schaffen eine schöne Atmosphäre zum Spielen.

Vogelbad eingeplant. Wo ein Vogelbad nicht geeignet erscheint, zum Beispiel, weil die Familie eine Katze besitzt, kann natürlich auch ein anderes schönes Objekt den Blick auf sich ziehen.

In diesem Teil des Gartens kann man sich zurückziehen, um vielleicht in Ruhe ein Buch zu lesen oder die Schönheit der Pflanzen, die die Rasenfläche umgeben, zu bewundern. Sträucher und höhere Stauden schirmen den Sitzplatz vor neugierigen Blicken ab.

Die dreieckigen Pflanzflächen, die die beiden diagonalen Rasenflächen umgeben, bieten Platz für kleine bis mittelgroße Sträucher und Stauden für den sonnigen bis halbschattigen Bereich. Durch die Dreiecksformen, die Spalierwand und die verwendeten Gehölze werden die Pflanzflächen optisch voneinander getrennt, daher wäre es gut möglich, die einzelnen Bereiche bestimmten Pflanzen, zum Beispiel Rosen, bestimmten Farbkonzepten oder bestimmten Blütezeiten zuzuordnen.

mit Teichfolie abdichten würde. Auf dem Rasen ist im Sommer Platz zum Aufstellen eines Planschbeckens. Ein kleinkroniger Baum wirft seinen Schatten auf einen Teil der Rasenfläche. Falls eine Schaukel gewünscht wird, könnte man sie in den Rahmen des Durchgangs zwischen den Spalierwänden einhängen, wobei dann ein besonders stabiler Rahmen konstruiert werden müsste. Diese Lösung ist für einen kleinen Garten sehr praktisch, da für große (und in der Regel recht wuchtige) Schaukelgerüste kein Platz ist und die Schaukel ganz nach Bedarf ein- oder ausgehängt werden kann.

Ruhiger Teilbereich

Zwischen den Spalierwänden hindurch betritt man einen weiteren Gartenbereich, in dem sich ein Sitzplatz mit einer Bank befindet, die von zwei zu Kugeln geschnittenen Formgehölzen flankiert wird. Gegenüber dem Sitzplatz wurde als attraktiver Blickpunkt ein

AUF EINEN BLICK

> **Größe des Gartens:** 6 m × 12 m = 72 m²

> **Bauliche Elemente:** Terrasse; Grillstelle; Flecht- und Spalierwände mit Fundamenten; Pflasterzeilen um die Rasenflächen, den Sandspielbereich und die Terrasse; Ausrüstung des Sandkastens; Sitzplatz; Platten unter dem Vogelbad.

> **Pflegeaufwand:** Rasenmähen; Pflege der Pflanzflächen; Schnitt der Formgehölze (ein- bis zweimal jährlich); turnusmäßiges Auslichten der Sträucher (alle drei bis vier Jahre); turnusmäßiges Austauschen des Sandes im Sandkasten (alle zwei Jahre).

Bauliche Elemente

① Terrasse mit Plattenbelag
② Grillstelle, gemauert
③ Flechtwände als Sichtschutz, Holz weiß lackiert
④ Sandkasten mit Pflasterzeile
⑤ Sitzplatz mit Holzbank
⑥ Einzeiler aus Kleinstein als Einfassung
⑦ Vogelbad
⑧ Spalierwände, z. T. berankt

Bepflanzung

⑨ Pracht-Storchschnabel (*Geranium × magnificum*), Pfingstrosen
⑩ Hohe + niedrige Astern in Weiß, Rosa, Karmin
⑪ Kletterrosen in Dunkelrosa und Hellrosa
⑫ Astilben (*Astilbe × arendsii*) in Weiß und Rosa
⑬ Storchschnabel (*Geranium*-Hybride `Johnson's Blue`), Geißbart (*Aruncus dioicus*), Lungenkraut (*Pulmonaria dacica* `Blue Ensign`)
⑭ Phlox (*Phlox paniculata*) in Weiß und Karmin, Kandelaber-Ehrenpreis (*Veronicastrum virginicum*), Sommer-Margerite (*Leucanthemum × superbum*)
⑮ Weigelie (*Weigela florida* `Purpurea`), Blut-Storchschnabel (*Geranium sanguineum*), Knäuel-Glockenblume (*Campanula glomerata* `Alba`)
⑯ Zier-Kirsche (*Prunus serrulata* 'Amanogawa')
⑰ Pracht-Spiere (*Spiraea vanhouttei*)
⑱ Felsenbirne (*Amelanchier lamarckii*) als Hochstamm
⑲ Zier-Apfel (*Malus toringo* 'Tina')
⑳ Hibiskus (*Hibiscus syriacus* 'Bluebird')
㉑ Gartenjasmin (*Philadelphus*-Hybride 'Virginal')
㉒ Forsythie (*Forsythia ovata* 'Tetragold')
㉓ Buchs (*Buxus sempervirens*), als Kugel geschnitten

Ein frei gestalteter Garten

Bei diesem frei gestalteten Gartenentwurf ziehen sich die Begrenzungslinien von Rasen- und Pflanzflächen in geschwungenen, natürlich anmutenden Linien durch die Fläche und tragen dazu bei, die rechteckige Form der Grundstücksgrenzen zu verwischen und sie so zu kaschieren.

Die Terrasse ist mit hellen Platten belegt, die von Pflasterstreifen unterteilt und an den Rändern ebenfalls von Pflaster begrenzt werden. Ein Teil der gepflasterten Fläche ragt viertelkreisförmig in die bepflanzten Flächen hinein, so dass es auch hier keine zu strenge Abgrenzung zwischen befestigter und unbefestigter Fläche gibt.

Schrittplatten durch Beete können von den Pflanzen locker umspielt werden und fügen sich daher gut ein.

Geschwungene Wege

An der Terrasse beginnt ein Rasenweg, der sich nach wenigen Metern zu einer elliptisch geformten Rasenfläche aufweitet, sich dann wieder verengt und in einen runden, gepflasterten Sitzplatz mit einer Bank mündet. Rasen- und Pflanzfläche werden durch eine Pflasterzeile voneinander getrennt und auf diese Weise eindeutig festgelegt. Außerdem erfüllt die Pflasterzeile die Funktion einer Mähkante. Sie erleichtert die Pflege des Rasens, da man keine Kanten nachzuschneiden braucht.

Am Ende der Rasenfläche sorgt eine Vase, die auf einer Steinplatte in der Pflanzfläche steht, für einen attraktiven Blickpunkt. Zwei kugelig geschnittene Formgehölze markieren den Eingang zum Sitzplatz, der von größeren Sträuchern umgeben und so nach außen hin abgeschirmt ist. Zwei Kugelbäumchen in Kübeln flankieren die Bank und bilden ein weiteres dekoratives Element an dieser Stelle. Von der Sitzbank aus schweift der Blick über die Rasenfläche hin zu einem Blütenstrauch, z. B. einer Strauchrose oder einem Gehölz, das durch auffallenden Laub- oder Fruchtschmuck das Interesse weckt.

Sonne und Schatten

Ein größerer Baum vor der Terrasse bietet den Nutzern des Sitzplatzes Schutz vor der Mittagssonne. Ein weiterer kleiner Baum befindet sich im südlichen Teil des Grundstücks neben dem runden Sitzplatz. Er beschattet zusammen mit den Sträuchern, die entlang der Grundstücksgrenzen wachsen, die Pflanzfläche im südwestlichen Teil, die sich daher gut für Schatten liebende Stauden aus dem Lebensbereich Gehölzrand eignet.

Eine zentrale Rasenfläche umgeben von Pflanzungen lässt einen ansprechenden Gartenraum entstehen. Die geschwungene Linienführung der Beeteinfassungen trägt zusätzlich zur räumlichen Wirkung bei.

Zwischen dem runden Sitzplatz am Südende des Gartens und der Terrasse schlängelt sich ein Weg aus Schrittplatten durch die Pflanzfläche und ermöglicht neben einer weiteren, neuen Perspektive der Pflanzung auch ein einfaches Betreten der Fläche zu Pflegezwecken. Der offene Bereich in diesem Teil des Gartens bietet sich für eine Gestaltung mit Sonne liebenden Beet- oder Freiflächenstauden ebenso an wie der offene, sonnige Teil der Pflanzfläche direkt an der Terrasse, der sich zum Beispiel für eine Bepflanzung mit Prachtstauden, vielleicht in Kombination mit Rosen, gut eignen würde.

Wenn die Stauden in einer entsprechenden Höhe gewählt werden, kann der hintere Sitzbereich von der Terrasse aus nicht eingesehen werden, was den Reiz dieses Platzes noch erhöht.

AUF EINEN BLICK

> **Größe des Gartens:** 7 m × 11 m = 77 m²

> **Bauliche Elemente:** Terrasse; Flechtwände mit Fundamenten; Pflasterzeile zwischen Rasen- und Pflanzflächen; Sitzplatz; Schrittplattenweg.

> **Pflegeaufwand:** Rasenmähen; Pflege der Pflanzflächen; Schnitt der Formgehölze (ein- bis zweimal jährlich); turnusmäßiges Auslichten der Sträucher (alle drei bis vier Jahre).

Bauliche Elemente

① Terrasse mit Plattenbelag und Pflasterbändern
zur Gliederung
② Flechtwände als Sichtschutz
③ Pflasterzeile als Abgrenzung Rasen –
Pflanzfläche
④ Vase als Blickpunkt
⑤ Sitzplatz mit kreisförmigem Kleinsteinpflaster
⑥ Schrittplattenweg

Bepflanzung

⑦ Rittersporn, Herbst-Astern, Pfingstrosen,
Margeriten, Storchschnabel
⑧ Astilben weiß und rosa, Lungenkraut,
Schaumblüte, Schnee-Felberich
⑨ Wald-Glockenblume
(*Campanula latifolia* var. *macrantha*)
⑩ Blutweiderich, Phlox weiß und rosa, Ehrenpreis
⑪ Rispen-Spierstrauch
(*Spiraea cinerea* 'Grefsheim')
⑫ Historische Strauchrose 'Louise Odier'
⑬ Feuerdorn (*Pyracantha coccinea* 'Soleil d'Or')
⑭ Kolkwitzie (*Kolkwitzia amabilis*)
⑮ Weigelie (*Weigela florida* 'Purpurea')
⑯ Schneeball (*Viburnum plicatum*).
⑰ Historische Strauchrose 'Madame Boll'
⑱ Zier-Apfel (*Malus*-Hybride 'John Downie')
⑲ Weidenblättrige Birne (*Pyrus salicifolia*)

Ein formal gestalteter Garten

Dieser klar und streng gestaltete, axial aufgebaute Entwurf behandelt den Garten als einen Raum, ist aber dennoch in zwei Bereiche unterteilt: den Hauptsitzbereich direkt am Haus und einen größeren Bereich mit einem Rundbeet, einem nur sparsam bepflanzten Wasserbecken und einem weiteren, von einer mit Sträuchern, Stauden und Bodendeckern bepflanzten Beetfläche eingerahmten, überdachten Sitzplatz an der südlichen Grundstücksgrenze. Die beiden Bereiche werden durch eine niedrige, geschnittene Buchshecke deutlich voneinander getrennt.

Geometrische Formen

Das zentrale Gestaltungselement im Hauptteil des Gartens ist ein kreisrundes, formal gestaltetes Beet, das in verschieden große, einfarbig bepflanzte Segmente aufgeteilt ist und dessen Mittelpunkt von einem kegelförmig geschnittenen, immergrünen Gehölz wie zum Beispiel einer Eibe gebildet wird. Auch an den Ecken der Rasenfläche, die das Beet umgibt, stehen kleinere kegelförmige Formgehölze. Um die Kreisform des Beetes exakt zu erhalten, empfiehlt es sich, den äußeren Rand mit einem in Beton gesetz-

Formal gestaltete Gartenbereiche wirken ruhig und harmonisch und bilden einen erfreulichen Kontrast zu der Fülle der verschiedenen Strukturen und bunten Blüten, die in anderen Gartenteilen vorherrscht.

Ein Gartenpavillon in der Nähe des Wassers stellt einen Ruheplatz mit schöner Atmosphäre dar.

ten Metallband einzufassen, was die spätere Pflege wesentlich erleichtert, da keine Rasenkanten abgestochen werden müssen. Falls man sich das Mähen in dem kleinen Bereich um das Beet ganz ersparen möchte, kann auf einen Rasenersatz in Form sehr dicht und flach wachsender immergrüner Stauden ausgewichen werden.

Das an das Rundbeet anschließende, rechteckige Wasserbecken ist wie das Rasenquadrat von einem Plattenweg umgeben und wird von zwei Fischskulpturen aus Holz flankiert. Aufgrund seiner geringen Größe sollte es nur sparsam mit in Körbe gesetzten Pflanzen ausgestattet werden. Die Skulpturen können eine rein dekorative Funktion haben oder als Wasserspeier eingesetzt werden, falls man den höheren Aufwand nicht scheut.

Erhöhter Sitzplatz

Der überdachte Sitzplatz befindet sich auf einem kleinen Podest, so dass man aus einer leicht erhöhten Position auf das Wasser und das dahinterliegende Beet blicken kann. Entlang der Grundstücksgrenzen ziehen sich schmale Beete, in denen Reihen formal wirkender Gehölze stehen, unterpflanzt mit einer einheitlichen Fläche bodendeckender Stauden. Im Beispiel wurden Hochstammrosen und an den Eck-

punkten des größeren Gartenteils Hochstammhortensien gewählt. Es wären jedoch auch andere Gehölze mit oder ohne Stamm, als Kugel, Kegel oder in einer anderen, möglichst strengen Form denkbar.

Um die Verschiedenheit der Gartenbereiche zu betonen, lockern sich die Hochstammreihen an der Terrasse zu vier Pflanzen in den Ecken des Sitzplatzes auf. Die Unterpflanzung könnte statt aus Bodendeckern aus einer Kombination halbhoher, Sonne liebender Stauden bestehen. Der überdachte Sitzplatz wird von zwei großen Blütensträuchern eingefasst. Auch hier könnte die Unterpflanzung der Gehölze von den Bodendeckern zu einer niedrigen Mischpflanzung übergehen. Der gesamte Gartenbereich wird nach außen hin durch weiße Spalierwände abgegrenzt, die einen schönen Hintergrund für die Gehölze bilden.

AUF EINEN BLICK

> **Größe des Gartens:** 7 m × 12 m = 84 m²

> **Bauliche Elemente:** Terrasse; Plattenwege und Bereich am Wasserbecken; Podest und Überdachung für den Sitzplatz; betoniertes Wasserbecken; Einfassung des Rundbeetes; Spalierwände mit Fundamenten.

> **Pflegeaufwand:** Rasenmähen; Pflege der Pflanzflächen; Schnitt von Formgehölzen und Hecke (ein- bis zweimal jährlich); turnusmäßiges Auslichten der Sträucher (alle drei bis vier Jahre), bei Rosen Frühjahrsschnitt; evtl. Winterschutz für Stämmchen; Pflege des Wasserbeckens: regelmäßige Wasserreinigung, v.a. im Frühjahr, Pflege der Wasserpflanzen (Rückschnitt im Herbst, evtl. Düngung im Frühjahr), evtl. Entleeren der Pumpe im Herbst.

Bauliche Elemente

① Terrasse mit Plattenbelag
② Spalierwände, Holz weiß lackiert
③ Plattenwege
④ Fischskulpturen aus Holz/Keramik/Stein
⑤ Wasserbecken
⑥ Gemauertes Podest für Sitzplatz
⑦ Überdachter Sitzplatz mit Holzbank
⑧ Rundbeet mit Metallband als Einfassung

Bepflanzung

⑨ Zier-Salbei, Glockenblumen, Taglilien, Goldrute
⑩ Polster-Glockenblume *(Campanula poschar-skyana* 'Stella')
⑪ Kugel-Primel weiß, Erika *(Erica carnea)* rosa, Lungenkraut blau
⑫ Japanische Sumpf-Iris *(Iris laevigata)*
⑬ Mädchenauge *(Coreopsis verticillata* 'Moonbeam')
⑭ Zier-Salbei *(Salvia nemorosa* 'Marcus')
⑮ Edelrose 'Memoire'
⑯ Edelrose 'Alexandra'
⑰ Beetrose 'Friesia', auf Stamm
⑱ Schneeball *(Viburnum carlcephalum)*
⑲ Rispen-Hortensie *(Hydrangea paniculata* 'Grandiflora'), auf Stamm
⑳ Buchshecke *(Buxus sempervirens)*, geschnitten
㉑ Eibe *(Taxus baccata* 'Semperaurea'), in Kegelform
㉒ Schmucklilie *(Agapanthus)* weiß und blau, als Kübelpflanzen (nicht zuverlässig winterhart!)

Ein Wassergarten

Bei diesem Entwurf für einen Reihenhausgarten bildet ein kreisrundes Wasserbecken das zentrale Gestaltungselement. Von der mit Klinker gepflasterten, halbrunden Terrasse führt ein mit einer Pflasterzeile eingefasster Kiesweg um das Wasserbecken herum durch den Garten und trifft im hinteren Drittel des Grundstücks auf einen kleinen Pavillon, in dem sich ein weiterer Sitzplatz direkt am Wasser befindet. Der Rand des Wasserbeckens ist mit Platten befestigt, die aus Naturstein, aber auch aus Beton sein können. Das Becken selbst kann entweder betoniert oder mit Teichfolie abgedichtet werden, die Platten, die den Beckenrand bilden, müssen aber in jedem Fall in Mörtel gelegt werden. Wenn man sich für eine

Beckenkonstruktion aus Beton mit vertikalen, glatten Wänden ohne Abstufung entscheidet, ist es wichtig, eine Ausstiegsmöglichkeit für ins Wasser gefallene Tiere zu schaffen, zum Beispiel in Form einer kleinen Rampe. Die Bepflanzung ist bei diesem architektonisch gestalteten Becken sparsam gehalten und beschränkt sich auf wenige Pflanzen in Körben, damit der größere Teil der Wasseroberfläche frei bleibt. So können sich der Himmel, die beiden Bäume und der Pavillon im Wasser widerspiegeln.

Reduzierte Bepflanzung

Man sollte beim Kauf von Wasserpflanzen stets berücksichtigen, dass sie bei zusagenden Standortbedingungen einen kräftigen Zuwachs an den Tag legen – was man den kleinen Pflanzen beim Kauf häufig gar nicht zutrauen würde – und ein Becken von moderater Größe in relativ kurzer Zeit völlig einwachsen können. So rechnet man zum Beispiel für eine mittelstark wachsende Seerose im ausgewachsenen Zustand einen Flächenbedarf von ungefähr einem Quadratmeter, was auf den vorliegenden Entwurf angewendet bedeuten würde, dass bei einer Bestückung mit nur fünf Seerosen nach einiger Zeit kaum noch etwas von der Wasseroberfläche zu sehen wäre.

Ein Sitzplatz am Wasser

Der hölzerne Pavillon mit seinen nach allen Seiten offenen Spalierwänden steht auf einer Holzplattform, die etwas über die Wasserfläche auskragt und so das Gefühl vermittelt, »auf dem Wasser« zu sitzen. Eine im Wasser schwimmende Kugelleuchte sowie zwei weitere in den Kiesweg eingelassene Leuchten bieten

Architektonisch gestaltete Wasserbecken wirken durch ihre regelmäßige Form schlicht und schön.

Ein Sitzplatz auf einem Holzdeck über dem Gartenteich ermöglicht ein unmittelbares Erleben der vielfältigen Sinneseindrücke, die das Element Wasser dem Betrachter vermitteln kann.

beim abendlichen Sitzen am Wasser zusätzliche interessante Effekte. Sträucher in Kombination mit höher wachsenden Stauden entlang der südlichen Grundstücksgrenze sowie Kletterpflanzen, die an den hinteren Wänden des Pavillons emporwachsen, schützen vor neugierigen Blicken und ermöglichen die für einen Sitzplatz erforderliche Privatheit. Auch an der Terrasse entstehen durch berankte Spalierwände an den Grundstücksgrenzen blickdichte »lebende Wände«. Die Pflanzflächen um den Kiesweg und die Terrasse bieten sich an für eine gemischte Pflanzung aus kleinen Sträuchern und Stauden für den sonnigen bis halbschattigen Bereich. Das halbmondförmige Beet, das am Wasserbecken liegt, schirmt, bei einer Bepflanzung mit mindestens halbhohen Stauden, den Blick von der Terrasse zum Wasser hin ab und verlockt dazu, den südlichen Teil des Gartens zu entdecken. Die beiden kleinkronigen Bäume bilden optisch einen Rahmen, der das Wasserbecken zusätzlich betont.

AUF EINEN BLICK

> **Größe des Gartens:** 7 m × 11 m = 77 m²

> **Bauliche Elemente:** Terrasse; Wasserbecken; Kiesweg mit Pflasterzeilen; Pavillon mit Bodenplatte und Fundamenten; Spalierwände mit Fundamenten.

> **Pflegeaufwand:** Pflege der Pflanzflächen; Schnitt der Formgehölze (ein- bis zweimal jährlich); turnusmäßiges Auslichten der Sträucher (alle drei bis vier Jahre); Pflege des Wasserbeckens: regelmäßige Wasserreinigung, v. a. im Frühjahr, Pflege der Wasserpflanzen, evtl. Entleeren der Pumpe im Herbst.

Bauliche Elemente

① Terrasse, Klinker mit Pflasterzeilen
② Spalierwände, Holz weiß lackiert, berankt
③ Kiesweg mit Pflasterzeile als Einfassung
④ Halbmondförmiges Beet
⑤ Wasserbecken mit Platteneinfassung
⑥ Kugelleuchten, [35 + 55 cm
⑦ Pavillon auf Holzplattform 2 × 2 m

Bepflanzung

⑧ Strauchrosen weiß, Storchschnabel blau,
Sibirische Iris weiß, Frauenmantel
⑨ Sibirische Iris violett, Hosta blaulaubig,
Knäuel-Glockenblume, Frauenmantel
⑩ Kornblume (Centaurea montana 'Alba'),
Hosta, Sibirische Iris (Iris sibirica)
⑪ Astilbe weiß, Wald-Glockenblume, Elfenblume
⑫ Taglilie gelb, Wasser-Dost weiß, Storchschnabel blau, Kaukasusvergissmeinnicht
⑬ Hortensie (Hydrangea arborescens
'Annabelle')
⑭ Zwerg-Flieder (Syringa meyeri 'Palibin')
⑮ Pfeifenstrauch (Philadelphus-Hybride
'Belle Étoile')
⑯ Forsythie (Forsythia intermedia 'Goldzauber')
⑰ Prunkspiere (Exochorda macrantha
'The Bride')
⑱ Deutzie (Deutzia-Hybride 'Mont Rose')
⑲ Buchs (Buxus sempervirens), zu Kugeln
geschnitten
⑳ Apfel-Dorn (Crataegus × lavallei 'Carrierei')
㉑ Kletterrose 'New Dawn', Clematis 'Jackmanii
Superba'
㉒ Geißblatt (Lonicera caprifolium)

Ein Garten für den Pflanzenfreund

Bei diesem Entwurf wurde Wert darauf gelegt, einen Garten zu gestalten, in dem es relativ ausgedehnte Flächen gibt, auf denen erklärte Gartenenthusiasten schöne Pflanzenkombinationen verwirklichen können. Die mit einem hellen Plattenbelag befestigte und seitlich von zwei schmalen Pflanzstreifen begrenzte Fläche der Terrasse wird von einer berankten Pergola überspannt, die für leichten Schatten sorgt und so an heißen Sommertagen ein angenehmes Sitzen

ermöglicht. Wenn man den schützenden Raum der Pergola verlässt, betritt man einen formal gestalteten kleinen Gartenbereich mit von niedrigen Schnitthecken gesäumten Beeten. Hier finden Stauden und kleine Gehölze für sonnige bis halbschattige Lagen Platz. Es wäre möglich, ihn als Themengarten, zum Beispiel speziell für Pfingstrosen, Rosen oder andere Lieblingspflanzen, zu gestalten, aber auch eine bunte Staudenmischung im Stil eines Cottage-Gartens oder eine Bepflanzung nur mit Schnittblumen wäre denkbar.

Sitzbänke zwischen Blumen

An den Enden des Querweges stehen zwei kleine Sitzbänke, von denen der Gärtner seine »Schätze« in Ruhe aus der Nähe betrachten kann. Der Schnittpunkt der beiden Achsen des Kiesweges wird von einem kleinen Gehölz – zum Beispiel einer Stammrose – markiert, das von der Terrasse aus betrachtet die Sicht in den hinteren Teil des Gartens begrenzt und zugleich von allen Seiten einen Blickpunkt bildet. Der südliche Gartenbereich wird durch eine immergrüne Schnitthecke abgeteilt, deren Durchlass durch zwei kleinkronige Bäume, die ein »Tor« bilden, betont wird. Hier ändert sich auch der Wegebelag: Getrennt durch einen Streifen aus Pflaster folgt auf den Kiesweg ein breiter, von einem Zweizeiler aus Pflastersteinen eingefasster Rasenweg, der an einem kleinen Podest mit einer berankten Laube endet, in der sich ein weiterer Sitzplatz befindet. Die Pflasterzeilen am Rand der Rasenfläche dienen als Mähkante und erleichtern die Pflege, weil sie ein Nachschneiden der Rasenkanten überflüssig machen.

Durch Staudenpflanzungen führende Rasenwege bilden einen ruhigen Kontrast zu den farbigen Blüten.

Einfassungen aus geschnittenem Buchsbaum stellen einen dauerhaften Rahmen für die Pflanzung dar.

entsteht. Das ist eigentlich schlüssig und klingt auch recht einfach, erfordert jedoch eine besonders sorgfältige Planung und gewisse Übung, für die sich die Mühe aber durchaus lohnt, denn eine schön proportionierte, höhengestaffelte Rabatte bietet in jedem Fall ein überzeugendes und ästhetisch ansprechendes Bild. Besonders schön wäre es in diesem Fall, wenn man für die verschiedenen Gartenräume jeweils andere Konzepte für die Bepflanzung entwickeln würde, um so die Unterschiede zwischen den beiden Gartenteilen noch stärker herauszuarbeiten. So könnte man sich zum Beispiel in jedem der beiden »Gartenzimmer« für ein spezielles Farbschema entscheiden: Die Beete an der Terrasse könnten in einem klassischen Farbdreiklang wie Blau, Weiß und Gelb gestaltet werden, die Rabatten links und rechts des Rasenweges dagegen, wie in der Zeichnung dargestellt, in Mauve, Violett und Purpur, aber auch eine Differenzierung nach unterschiedlichen Blütezeitpunkten oder ein Teilbereich extra für Schnittblumen wären denkbar und würden interessante Aspekte bieten.

Falls man sich das Rasenmähen ganz ersparen möchte, wäre es selbstverständlich auch möglich, anstelle des Rasens den Kiesweg weiterzuführen.

»Englische« Rabatten

Links und rechts des Rasenweges finden sich zwei größere Pflanzflächen, die weiteren Raum für einige ausgewählte Blütensträucher und Staudenpflanzungen bieten. Die etwas größere Tiefe der Flächen macht es möglich, hier eine Pflanzung mit sorgfältig ausgearbeiteter Höhenstaffelung im Stil einer traditionellen englischen Staudenrabatte zu verwirklichen. Dabei werden hohe, mittelhohe und niedrige Stauden ihrer Wuchshöhe entsprechend im Hinter-, Mittel- und Vordergrund der Pflanzung angeordnet, so dass eine »pultartige« Abstufung innerhalb der Pflanzung

AUF EINEN BLICK

> **Größe des Gartens:** 6 m × 12 m = 72 m²

> **Bauliche Elemente:** Terrasse; Pergola mit Fundamenten; Kiesweg mit Pflasterzeilen sowie Pflasterzeilen am Rasenweg; Pflasterpodest; Laube; Flechtwände mit Fundamenten.

> **Pflegeaufwand:** Rasenmähen; Pflege der Pflanzflächen (Düngen, Jäten, Rückschnitt von Verblühtem etc.); Schnitt von Hecken und Formgehölzen (ein- bis zweimal jährlich); turnusmäßiges Auslichten der Sträucher (alle drei bis vier Jahre).

Bauliche Elemente

① Terrasse mit Plattenbelag
② Holzpergola
③ Flechtwände als Sichtschutz
④ Kiesweg mit Pflasterzeilen
⑤ Rasenweg mit Pflasterzeilen als Mähkante
⑥ Rosenlaube mit Sitzplatz

Bepflanzung

⑦ Pfingstrosen, weiß (*Paeonia lactiflora*),
Storchschnabel (*Geranium × magnificum*),
Glockenblumen (*Campanula latifolia* 'Alba',
C. glomerata), Steppen-Iris (*Iris ochroleuca*
'Frigia') Frauenmantel (*Alchemilla mollis*)
⑧ Rittersporn hellviolett, Sumpf-Garbe (*Achillea
ptarmica* 'Schneeball'), Herbst-Astern weiß
und rosa, Storchschnabel, Purpurglöckchen
(*Heuchera*-Hybride 'Obsidian')
⑨ Englische Rose 'Gertrude Jekyll'
⑩ Hänge-Sommerflieder (*Buddleja alternifolia*)
⑪ Blasenspiere (*Physocarpus opulifolius*
'Diabolo')
⑫ Rose 'Madame Boll', auf Hochstamm
⑬ Schnitthecke, Eibe (*Taxus baccata*)
⑭ Schnitthecken als Einfassung, Buchs
(*Buxus sempervirens* 'Suffruticosa')
⑮ Robinie (*Robinia pseudoacacia*
'Umbraculifera')
⑯ Glyzinie (*Wisteria sinensis*)
⑰ Kletterrose 'Tausendschön'

Ein Bauerngarten

Dieser Gartenentwurf spiegelt die fröhliche und ungezwungene Atmosphäre eines Bauerngartens wider, der eine attraktive Mischung aus Stauden, Rosen, Sommerblumen und Kräutern sowie Obst und Gemüse beherbergt. Da bei einer solchen Vielfalt verschiedener Pflanzen auf kleinem Raum ein Garten leicht etwas »unordentlich« wirken kann, wurde für die Pflanzflächen eine geometrische, strenge Formgebung gewählt und diese, dem traditionellen Stil des Bauerngartens folgend, mit niedrigen Buchshecken eingefasst.

Zentrale Achse

Die gerundete, mit hellgrauen Platten belegte Terrasse wird von schmalen Pflanzstreifen umgeben, die der Form der Terrasse folgen und sich gut für eine Bepflanzung mit halbhohen, Sonne liebenden Stauden und Kleingehölzen eignen. Von dort führt der mit Kleinsteinpflaster befestigte Hauptweg, dessen Anfangs-, Mittel- und Endpunkt jeweils von einer kreisförmigen Pflasterfläche gebildet wird, der zentralen Achse des Gartens folgend bis zur Grundstücksgrenze. Eine halbkreisförmige, üppig bewachsene Pergola mit

Buchsgefasste, geometrische Beete, die eine bunte Mischung aus Küchen- und Heilkräutern, Sommerblumen, Stauden und Gemüse beherbergen, sind der Inbegriff eines bäuerlichen Gartens.

Eine rosenbewachsene Laube mit Sitzbank lädt zum Verweilen und Betrachten der Beete ein.

Beerensträucher. Wer keine Obstgehölze wünscht, kann die Beerenstämmchen selbstverständlich auch durch Rosenstämmchen oder immergrüne Formschnittgehölze ersetzen.

In den Beeten vereinigen sich Rosen, Stauden, Sommerblumen und Gemüse zu einer bunten Vielfalt. Man sollte allerdings darauf achten, das Gemüse nur punktuell und nicht flächig zu pflanzen, da sonst unter Umständen (z. B. bei Salaten) nach der Ernte kahle Stellen in der Pflanzung entstehen. Es gibt viele Gemüsearten, die abgesehen von ihrem Nutzwert auch noch ausgesprochen dekorativ aussehen, man denke nur an farbenfrohe Salate, Mangold mit verschiedenen, leuchtenden Stängelfarben, ornamentale Wuchsformen wie die der Artischockenpflanze oder filigrane Wunderwerke wie den Romanesco-Blumenkohl. Entsprechend eingesetzt, kann man mit ihnen erstaunliche Effekte erzielen, aber natürlich ist die Verwendung von Nutzpflanzen kein Muss. Wem der Aufwand für die Anzucht von Nutzpflanzen zu groß erscheint, der beschränkt sich einfach auf eine Kombination aus Rosen, Stauden und Sommerblumen und kann auch so ein wunderschönes Gesamtbild erzielen.

einem schattigen Sitzplatz markiert das Ende des Weges. An den beiden Endpunkten der Querachse bilden Kübelpflanzen einen Blickfang, und ein Baum betont den Schnittpunkt der beiden Achsen.

Schönes und Nützliches

In den schmalen Pflanzstreifen entlang der Grundstücksgrenzen finden verschiedene Würz- und Heilkräuter ihren Platz, die nicht nur Küche und Hausapotheke bereichern, sondern auch häufig auffallende und zierende Blüten haben und über aromatisch duftendes Laub verfügen. Die vier geometrischen, mit Buchs gefassten Beete werden von Beerenstämmchen eingerahmt, die ein zusätzliches formales Element darstellen und weniger Platz benötigen als

AUF EINEN BLICK

> **Größe des Gartens:** 6 m × 12 m = 72 m^2

> **Bauliche Elemente:** Terrasse; Metallpergola mit Fundamenten; Pflasterwege und kreisförmige Pflasterflächen; Flechtwände mit Fundamenten.

> **Pflegeaufwand:** Pflege der Pflanzflächen; jährliche Pflanzung von Gemüse und Sommerblumen; Schnitt von Hecken und Formgehölzen (ein- bis zweimal jährlich).

Bauliche Elemente

① Terrasse mit Plattenbelag
② Flechtwände als Sichtschutz
③ Kreisförmige Pflasterflächen mit Zeilen
   in Kontrastfarbe
④ Pflasterwege
⑤ Pergola, berankt, mit Sitzplatz

Bepflanzung

⑥ Bodendeckerrose weiß, Storchschnabel
   (*Geranium × magnificum*), Frauenmantel
   (*Alchemilla mollis*)
⑦ Pfingstrose (*Paeonia officinalis* 'Rubra Plena'),
   Tränendes Herz (*Dicentra spectabilis* 'Alba'),
   Herbst-Astern in Sorten, Phlox (*Phlox
   paniculata*) in Sorten, Sommer-Margerite
   (*Leucanthemum × superbum*), Sommerblumen, Gemüse
⑧ Küchen- und Heilkräuter, z. B. Schnittlauch,
   Salbei, Thymian, Zitronenmelisse, Ysop,
   Pfefferminze
⑨ Beerenstämmchen
⑩ Buchshecken als Einfassung
⑪ Zier-Apfel (*Malus*-Hybride 'Red Sentinel')
⑫ Kletterrose 'Albéric Barbier'
⑬ Hosta als Kübelpflanzen

Ein pflegeleichter Garten

Dieser Entwurf wurde mit dem Ziel erstellt, einen Garten zu gestalten, der mit geringem Pflegeaufwand schön zu erhalten ist.

An der mit schlichten, hellgrauen Platten belegten Terrasse bilden ein kleines, gemauertes Wasserbecken

mit sparsamer Bepflanzung sowie eine schmales Beet an der Hauswand, das Sonne liebenden Pflanzen einen Platz bietet, reizvolle Blickpunkte. Ein kleinkroniger Laubbaum spendet Schatten und sorgt an heißen Sommertagen für Kühle. Der südliche Bereich des Gartens ist durch die in die Fläche vorspringenden Pflanzungen vom Terrassensitzplatz aus nicht ganz einsehbar, und man wird so dazu verlockt, die Terrasse zu verlassen und, dem rechtwinkligen Rasenweg folgend, den Garten zu erkunden. Ein Vogelbad oder ein anderes hübsches Objekt in der Pflanzfläche zieht unterwegs den Blick auf sich.

Verborgener Sitzplatz

Der Rasenweg mündet im hinteren Teil des Gartens in eine kleine Rasenfläche mit einem Sitzplatz. Durch die Sträucher und höheren Stauden, die ihn umgeben, kann er von keiner Seite eingesehen werden. Zwei zu Kugeln geschnittene Formgehölze flankieren die Bank und ein auffallender Blütenstrauch bildet gegenüber des Sitzplatzes einen Blickfang.

Die Pflanz- und Rasenflächen werden durch eine in Beton gesetzte Klinkerzeile, die auch als Mähkante dient, voneinander getrennt. Dies erleichtert die Rasenpflege wesentlich.

Die Bepflanzung besteht aus pflegeleichten Bäumen und Sträuchern, die durch robuste Blütenstauden und Bodendecker ergänzt werden. Die Flächen zwischen und unter den Gehölzen eignen sich gut für eine Bepflanzung mit bodendeckenden Stauden für den halbschattigen bis schattigen Bereich, zum Beispiel mit Lungenkraut, Elfenblume, Schaumblüte oder immergrüner Waldsteinie, während sich auf den freien Flächen Sonne liebende Stauden wohlfühlen.

Die Beeteinfassung aus Platten dient gleichzeitig als Mähkante und erleichtert die Pflege des Rasens.

Bodendeckende Stauden wie die in dieser Pflanzung verwendete Waldsteinia bilden schon nach kurzer Zeit einen dichten Teppich, der Unkraut unterdrückt und das Jäten häufig überflüssig macht.

Minimaler Aufwand

Die hier vorgeschlagenen Stauden bedecken den Boden schon nach relativ kurzer Zeit und reduzieren so das Aufkommen von Unkräutern und damit den Pflegeaufwand für das Sauberhalten der Flächen auf ein Minimum. Dabei sind sie jedoch keineswegs unscheinbar, sondern erfreuen mit schönen Blüten und interessanten Blattfarben und -formen. Auch die Pflege des Rasens erfordert nicht viel Zeit. Bei regelmäßigem Mähen ist die Menge des anfallenden Schnittgutes nicht sehr groß und man braucht für seine Entsorgung keinen hohen Aufwand zu betreiben. Am geschicktesten ist es, den Rasenschnitt nach dem Mähen antrocknen zu lassen – das ist wichtig, da nasses Gras in dickeren Lagen geschichtet zu gären anfängt – und dann als dünne Mulchschicht unter den Gehölzen auszubringen, was die Struktur des Bodens verbessert, für ein Mehr an organischer Substanz sorgt und außerdem der Unkrautunterdrückung dient.

AUF EINEN BLICK

> **Größe des Gartens:** 6 m × 12 m = 72 m²

> **Bauliche Elemente:** Terrasse; Wasserbecken aus Beton; Mähkanten und Sitzplatz aus Klinker; Flechtwände mit Fundamenten.

> **Pflegeaufwand:** Rasenmähen; Pflege der Pflanzflächen (Düngen, ggf. Jäten, Rückschnitt von Verblühtem etc.); Schnitt der Formgehölze (ein- bis zweimal jährlich); turnusmäßiges Auslichten der Sträucher (alle drei bis vier Jahre); Pflege des Wasserbeckens: regelmäßige Wasserreinigung, v. a. im Frühjahr, Pflege der Wasserpflanzen.

Bauliche Elemente

① Terrasse mit Plattenbelag
② Wasserbecken aus Beton mit
    Platten als Randabdeckung
③ Flechtwände als Sichtschutz
④ Vogelbad auf Steinplatte
⑤ Klinkerzeile als Mähkante
⑥ Sitzplatz mit Holzbank

Bepflanzung

⑦ Storchschnabel *(Geranium × magnificum)*
⑧ Storchschnabel *(Geranium*-Hybride
    'Johnson's Blue')
⑨ Lungenkraut *(Pulmonaria),* Waldsteinie
    (Waldsteinia ternata), Gräser, Hosta
⑩ Geißbart *(Aruncus dioicus)*
⑪ Bergenie *(Bergenia*-Hybride)
⑫ Geranium 'Johnson's Blue', Frauenmantel
    (Alchemilla mollis), Gräser, Hosta
⑬ *Waldsteinia ternata*
⑭ Kletterrose 'Alchymist'
⑮ Strauchrose 'Eden Rose'
⑯ Strauchrose 'Mabel Morrison'
⑰ Hartriegel *(Cornus alba* 'Elegantissma')
⑱ Pfeifenstrauch *(Philadelphus*-Hybride
    'Manteau d'Hermine')
⑲ Braut-Spiere *(Spiraea arguta)*
⑳ Oster-Schneeball *(Viburnum burkwoodii)*
㉑ Kleiner Korkflügelstrauch *(Euonymus
    alatus* 'Compactus')
㉒ Berg-Ilex *(Ilex crenata* 'Stokes')
㉓ Sommergrüne Azalee *(Rhododendron
    ponticum)*
㉔ Kolkwitzie *(Kolkwitzia amabilis)*
㉕ Rot-Ahorn *(Acer rubrum* 'Scanlon')
㉖ Eberesche *(Sorbus*-Hybride 'Kirsten Pink')

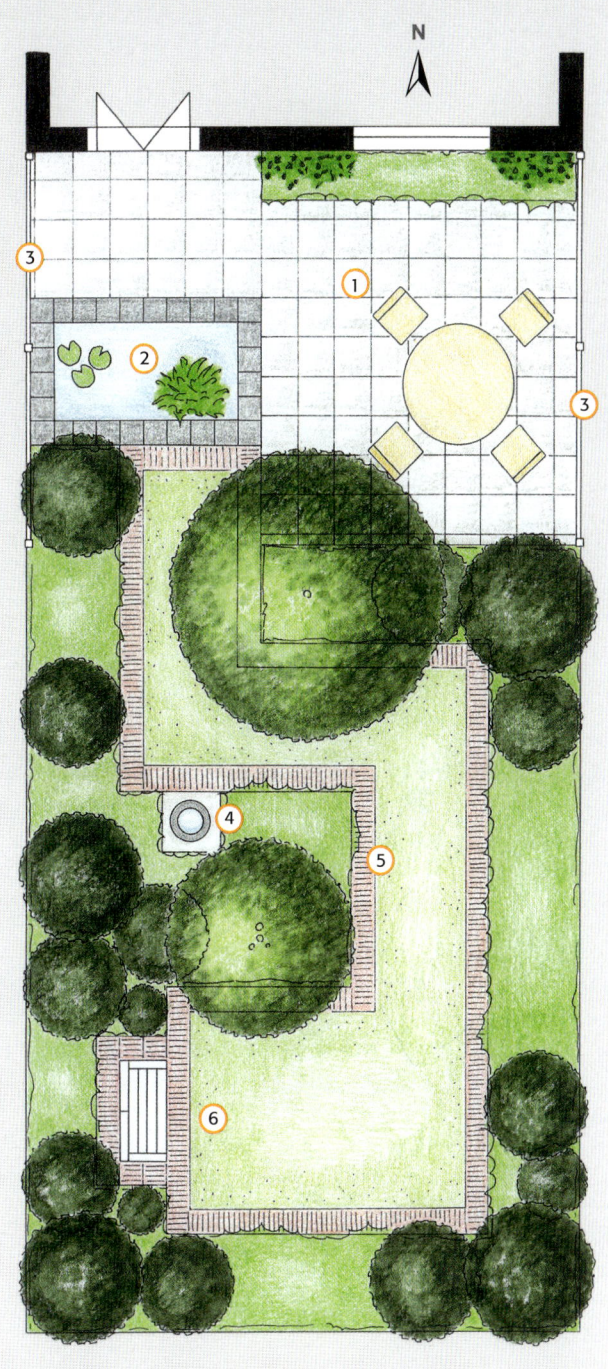

N

1   2   3   m

Ein Garten in Hanglage

Bei diesem Reihenhausgarten fällt der Garten vom Haus zur südlichen Grundstücksgrenze hin ab. Die Schwierigkeit solcher Hanggrundstücke besteht darin, dass man die schräge Fläche nur eingeschränkt nutzen kann, andererseits bieten solche Gärten jedoch interessante Gestaltungsmöglichkeiten. Geschickt ist es, das Gelände zu terrassieren und auf diese Weise besser nutzbar zu machen. Der Garten wird somit in verschiedene Ebenen, möglicherweise mit unterschiedlichem Charakter, aufgeteilt. Zwar ist der bauliche Aufwand für die einzuziehenden Stützmauern,

die das Gelände auffangen, deutlich höher als beim Belassen der Schräge, aber das Ergebnis lohnt in der Regel die Mühe.

Verschiedene Ebenen

In diesem Beispiel ist die Terrasse nicht sehr breit, doch durch die halbrunde Ausbuchtung bietet sie genug Fläche für einen Sitzplatz, von dem aus man den Garten überblicken kann. An der Schmalseite der Terrasse findet sich Platz für einen Schrank, in dem

Die Terrassierung eines abfallenden Geländes durch Stützmauern bietet interessante Möglichkeiten der Bepflanzung, zum Beispiel im Bereich der Mauerkrone oder auch entlang der Treppenwangen.

In niedrige Stützmauern integrierte Wasserbecken stellen eine originelle Art der Flächengliederung dar.

Gartenwerkzeuge oder – während der kalten Jahreszeit – auch Klappmöbel verstaut werden können. Ein als Hochstamm gezogener Baum wirft seinen Schatten auf die Terrasse. Der halbrunden Form des Sitzplatzes folgend führt eine Treppe hinunter zur nächsten Ebene. Auf ihrer anderen Seite wird sie von einem Hochbeet eingerahmt, das sich gut eignet für eine Bepflanzung mit Sonne liebenden und, wenn ein entsprechendes Substrat verwendet wurde, trockenheitsverträglichen Stauden und Kleingehölzen.
Auf der Mauer des Hochbeetes bildet eine Holzauflage einen Sitzplatz inmitten der in diesem Bereich vorherrschenden Bepflanzung. Von dort aus hat man unter anderem einen schönen Blick auf ein in die untere Stützmauer integriertes rundes Wasserbecken. Die Pflanzfläche unter dem Baum und entlang der Stützmauer bietet sich an für halbhohe Stauden des sonnigen bis halbschattigen Lebensbereiches. In diesem Bereich gibt es keinen Rasen. Schrittplatten, die von einem Teppich aus Rasenersatzstauden umgeben sind, führen durch die Pflanzung bis zu einer weiteren Treppe, die der runden Form des Wasserbeckens folgt und zur untersten Ebene des Gartens hinableitet.

Neue Perspektiven

Hier wird eine annähernd runde Rasenfläche, die Platz für verschiedene Aktivitäten bietet, umrahmt von Pflasterzeilen und einem Pflanzstreifen mit höheren Sträuchern und halbhohen bis hohen, Sonne liebenden Stauden, wie zum Beispiel Deutzie, Schneeball, Fingerstrauch, Phlox, Zier-Salbei, Mädchenauge oder Sonnenhut. Gegenüber der Treppe befindet sich ein weiterer Sitzplatz mit einer Holzbank, der durch die ihn umgebenden Sträucher und höheren Stauden ein geborgenes Sitzen ermöglicht. Außerdem hat man von hier aus einen schönen Blick auf die benachbarten Pflanzungen und – aus einer neuen Perspektive – auf das runde Wasserbecken, das somit aus drei verschiedenen Blickwinkeln gesehen werden kann und auf diese Art das Interesse des Betrachters immer von Neuem weckt.

AUF EINEN BLICK

> **Größe des Gartens:** 7 m × 11 m = 77 m²

> **Bauliche Elemente:** Terrasse; Stützmauern mit Fallschutz (Geländer); Treppen mit Geländer; Hochbeet mit Sitzplatz und Fallschutz; je nach Geländeverlauf der Nachbargrundstücke evtl. seitliche Stützmauern; Wasserbecken; Pflasterstreifen und Sitzplatz mit Pflasterfläche; Schrittplattenweg; Flechtwand mit Fundamenten.

> **Pflegeaufwand:** Rasenmähen; Pflege der Pflanzflächen (Düngen, Jäten, Rückschnitt von Verblühtem etc.); Auslichten der Sträucher (alle drei bis vier Jahre); Pflege des Wasserbeckens: regelmäßige Wasserreinigung, v.a. im Frühjahr, Pflege der Wasserpflanzen (Rückschnitt im Herbst, evtl. Düngung im Frühjahr).

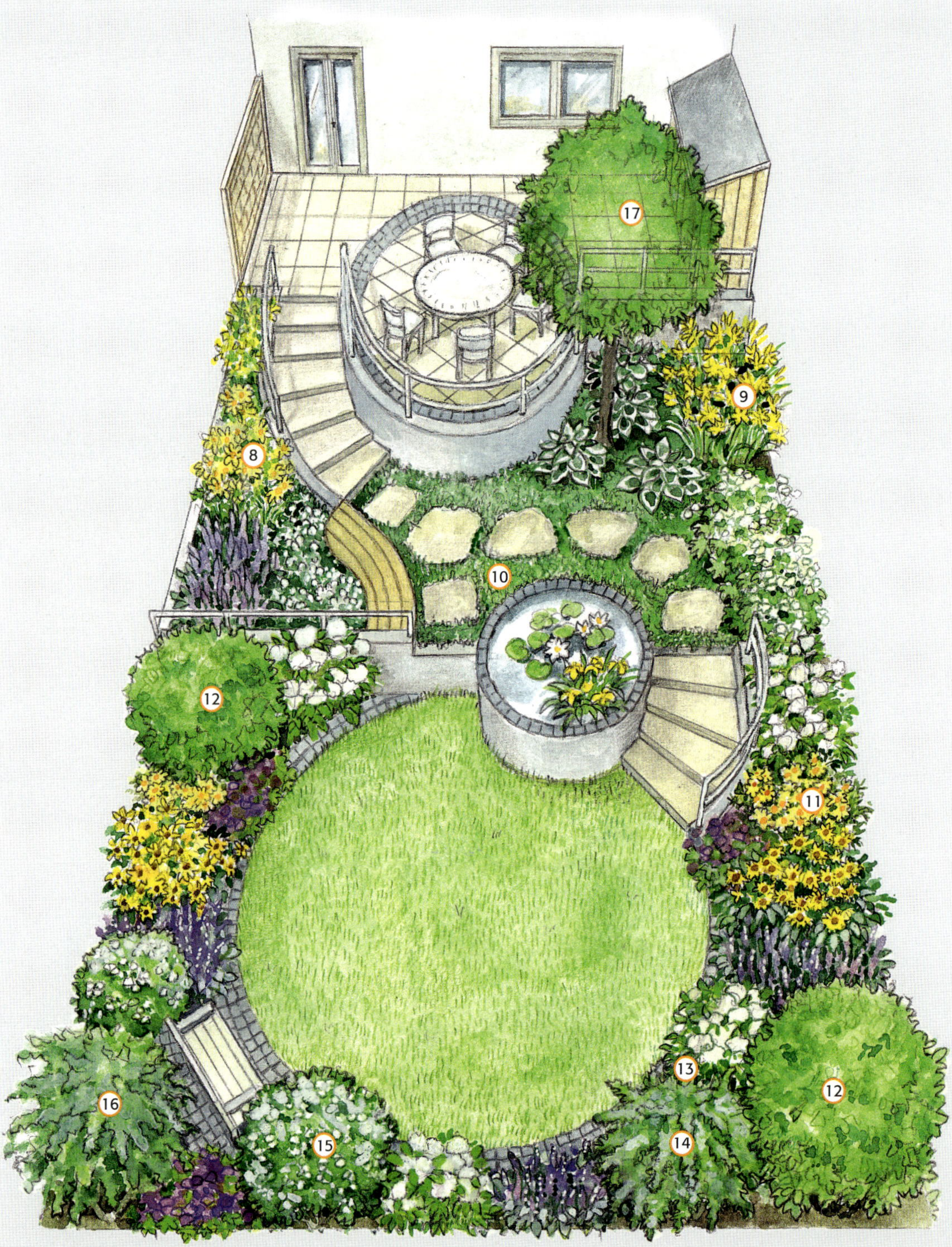
17
9
8
10
12
11
13
12
16
15
14

Bauliche Elemente

① Terrasse mit Plattenbelag
② Flechtwand als Sichtschutz
③ Geräteschrank
④ Stützmauern mit Fallschutz
⑤ Hochbeet mit Holzauflage zum Sitzen
⑥ Wasserbecken
⑦ Sitzplatz mit Holzbank

Bepflanzung

⑧ Katzenminze, Steinkraut, Salbei, Schleifenblume, Mädchenauge
⑨ Hosta, Taglilie *(Hemerocallis citrina)*, Storchschnabel *(Geranium macrorrhizum)*
⑩ Laugenblume *(Cotula potentillina)*
⑪ Phlox, Mädchenauge *(Coreopsis verticillata* 'Grandiflora'), Zier-Salbei, Sonnenhut *(Rudbeckia* 'Goldsturm')
⑫ Schneeball *(Viburnum carlcephalum)*
⑬ Fingerstrauch *(Potentilla fruticosa* 'Manchu')
⑭ Deutzie *(Deutzia lemoinei* 'Boule de Neige')
⑮ Falscher Jasmin *(Philadelphus* 'Dame Blanche')
⑯ Braut-Spiere *(Spiraea arguta)*
⑰ Zier-Kirsche *(Prunus serrulata* 'Tai Haku')

Ein Garten für den Rosenfreund

In dem hier vorgestellten Beispiel eines Reihenhausgartens wird, um erklärten Rosenfreunden eine Anregung zu bieten, besonders auf eine Bepflanzung mit verschiedenen Rosenarten eingegangen, aber dies ist selbstverständlich nicht zwingend. Falls der Schwerpunkt nicht auf Rosen gelegt werden soll, ist auch eine andere Gestaltung mit Pflanzen, die freie und sonnige Lagen bevorzugen, ohne Weiteres möglich.

Eine Kombination aus Rosen, Stauden und Clematis lässt üppig blühende Pflanzungen entstehen.

Der Garten ist offen gestaltet, das heißt, der ganze Raum ist von der Terrasse aus einsehbar. Ein eleganter Pavillon, der einen zweiten, schattigen Sitzplatz beherbergt, zieht jenseits der Rasenfläche den Blick auf sich. Wenn man den Rosenbogen an der Schmalseite der Terrasse durchschreitet, stößt man auf einen Plattenweg, der zwischen einer Pflanzung aus Beetrosen und Stauden hindurch die ganze Länge des Gartens durchmisst und schließlich zu dem bewachsenen Pavillon führt. An der südlichen Grundstücksgrenze wachsen große Historische Strauchrosen und höhere Stauden und schirmen den Garten vor neugierigen Blicken ab. Viele der alten Rosen haben nicht nur attraktive Blüten, sondern duften auch wunderbar, was insbesondere in der Nähe eines Sitzplatzes einen zusätzlichen Reiz darstellt. Vom Pavillon aus führt der Weg noch ein kurzes Stück weiter durch die Pflanzung und endet bei der zentralen, beinahe quadratischen Rasenfläche, die von einer Klinkerzeile eingefasst und um eine Stufenhöhe abgesenkt ist.

Abgesenkte Rasenfläche

Durch diesen Höhenunterschied, auch wenn er nur geringfügig ist, nimmt man die Trennung zwischen Pflanzung und Rasen deutlich wahr. Wenn man sich auf der Rasenfläche befindet, vermittelt der Garten durch den tieferen Mittelpunkt und die erhöhten Außenflächen das geborgene Gefühl eines »Nestes«, in dem man von blühenden Pflanzen umgeben ist. Über den Rasen, dessen ruhige, grüne Fläche einen wohltuenden Kontrast zur farbigen Fülle der Blüten bildet, vorbei an einem Pflanzstreifen mit Modernen Strauchrosen und Englischen Rosen, erreicht man schließlich wieder die Terrasse. An den Längsseiten

Mit Rosenbögen lassen sich auf charmante Art Tore schaffen und Gartenbereiche voneinander trennen.

Blütenstauden, durch die die Komposition farblich bereichert und um zusätzliche Strukturen und Blatttexturen ergänzt wird. Schöne Partner sind zum Beispiel verschiedene Storchschnabelarten, hohe und niedere Glockenblumen, verschiedene hohe und niedere Asternarten oder die zahlreichen Sorten des hohen Staudenphloxes. Der oft empfohlene Lavendel, dessen Standortansprüche eigentlich überhaupt nicht zu denen der Rosen passen, wird hier bewusst ausgeklammert.

Strauchrosen unterscheiden sich in ihren Pflegeansprüchen von Beet- oder Edelrosen: Während bei Letzteren ein jährlicher Frühjahrsschnitt auf drei bis fünf »Augen« (damit sind die Knospen gemeint) erforderlich ist, ist ein regelmäßiger starker Rückschnitt bei Strauchrosen nicht nötig. Im Frühling werden lediglich abgestorbene Triebe entfernt und die Pflanzen ansonsten wie andere Sträucher behandelt und in regelmäßigen Abständen etwas ausgelichtet, wenn es erforderlich ist.

des Gartens bilden berankte Spalierwände einen Hintergrund und sorgen zugleich für die erforderliche Höhe in den Pflanzungen.

Stauden als Ergänzung

Ein Garten, in dem der Rose ein besonderer Platz eingeräumt wird, braucht selbstverständlich auch noch andere Pflanzen zu deren Ergänzung, sonst wird das Bild niemals vollkommen sein. Rosenbeete in einer Art Monokultur ohne Begleitpflanzung, in denen die Rosen, womöglich nach Farben angeordnet, in unnatürlichen Blöcken gepflanzt werden, sind zum Glück weitgehend aus der Mode gekommen, und man sieht sie allenfalls noch in Parkanlagen oder formalen Gärten.

Im Hausgarten wirkt eine Mischpflanzung mit lockeren Gruppen aus Rosen und Stauden wesentlich natürlicher und gefälliger. Insbesondere Strauchrosen eignen sich sehr gut für eine Unterpflanzung mit

AUF EINEN BLICK

> **Größe des Gartens:** 8 m × 11 m = 88 m²

> **Bauliche Elemente:** Terrasse; Abgesenkte Rasenfläche; Stufe und Mähkante aus Klinker; Rosenbogen mit Fundamenten; Plattenweg; Pavillon mit Fundamenten und Pflasterfläche; Spalierwände mit Fundamenten.

> **Pflegeaufwand:** Rasenmähen; Pflege der Pflanzflächen (Düngen, Jäten, Rückschnitt von Verblühtem etc.); regelmäßiger Schnitt der Rosen; turnusmäßiges Auslichten der Sträucher (alle drei bis vier Jahre).

Bauliche Elemente

① Terrasse mit Plattenbelag
② Rosenbogen, berankt
③ Plattenweg
④ Spalierwände, berankt
⑤ Rosenpavillon mit Sitzplatz
⑥ Mähkante und Stufe aus Klinker

Bepflanzung

⑦ Beetrosen und Stauden: Rose
'Gruß an Aachen', 'Souvenir de la
Malmaison', 'Leonardo da Vinci',
Storchschnabel (*Geranium
sanguineum*), Glockenblume
(*Campanula glomerata*), Braunelle
(*Prunella grandiflora* 'Alba')
⑧ Ehrenpreis, Storchschnabel blau,
Kissen-Astern
⑨ Geißbart (*Aruncus dioicus*)
⑩ Pfingstrosen, Storchschnabel,
Lungenkraut
⑪ Phlox (*Phlox paniculata*) in Sorten,
Herbst-Astern, Storchschnabel
⑫ Hänge-Sommerflieder (*Buddleja
alternifolia*)
⑬ Historische und Alte Strauchrosen:
'Félicité Parmentier', 'Boule de
Neige', 'Charles de Mills',
'Mme Boll', 'Ferdinand Pichard'
⑭ Moderne Strauchrosen und
Englische Rosen: 'Schneewittchen',
'Chaucer', 'Heritage', 'Othello'
⑮ Kletterrose 'New Dawn'
⑯ Kletterrose 'Veilchenblau'
⑰ Kletterrosen 'Coral Dawn' und 'Ilse
Krohn Superior', Clematis-Hybride
'Lasurstern'

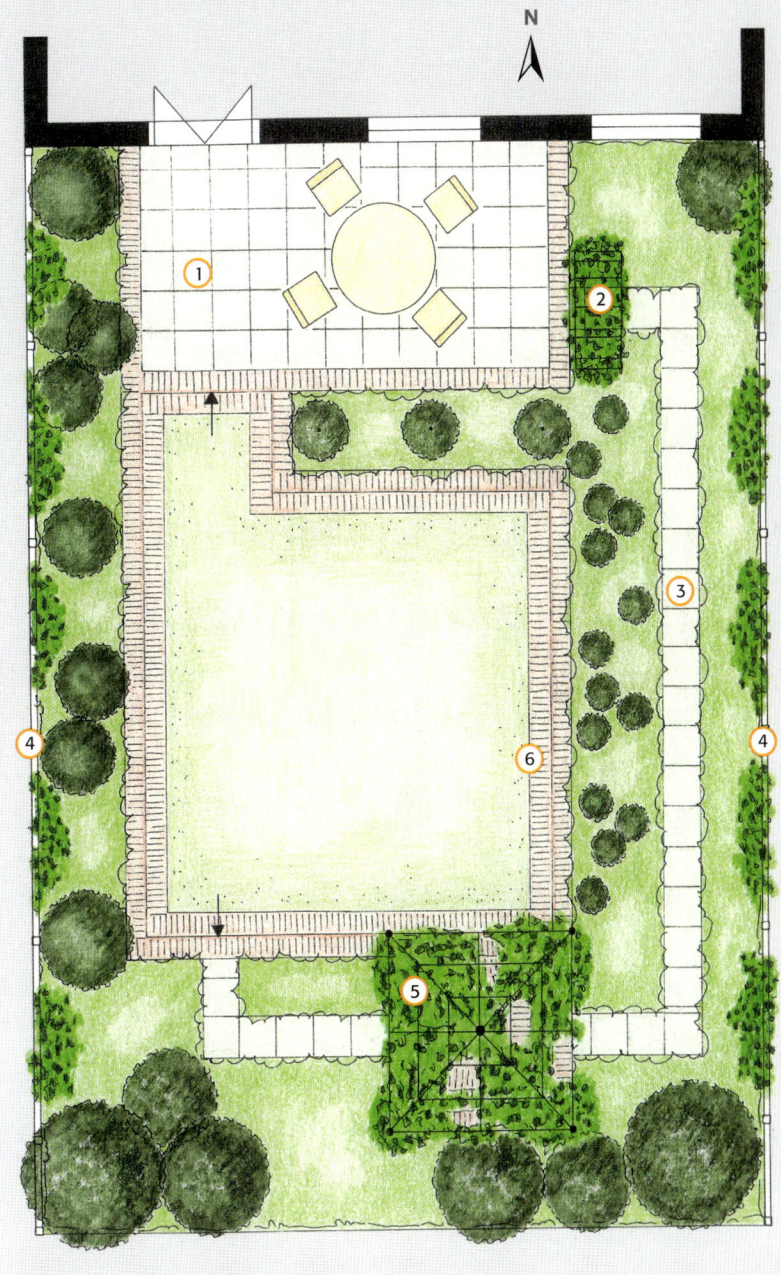

Ein Garten mit besonderer Farbgebung, pflegeleicht

Bei diesem offen gestalteten Reihenhausgarten wird durch farbige Pflaster- und Wegeflächen und die Auswahl der Laub- und Blütenfarben eine besondere, das ganze Gartenjahr hindurch wirkungsvolle Farbgestaltung erreicht. Durch die Verwendung robuster Gehölze, Stauden und Bodendecker ist die Gestaltung zudem recht pflegeleicht.

Mit bunten Pflaster- und Wegeflächen lassen sich kreative Akzente bei der Farbgestaltung setzen.

Zwei »Blaue Bänder«

Von der Terrasse, deren hellgelber Plattenbelag freundlich wirkt und schön mit der Gesamtgestaltung korrespondiert, schwingt sich ein Pflasterband aus hellgrauen und leuchtend blauen Steinen zwischen Rasen- und Pflanzfläche zum südlichen Ende des Gartens und endet dort in einer kreisrunden Pflasterfläche aus dem gleichen Material. Das Pflasterband fungiert sowohl als schmaler Weg, über den dieser zweite Sitzplatz zu erreichen ist, als auch als Mähkante, die Pflanz- und Rasenfläche voneinander trennt und die Rasenpflege erleichtert. Auf der anderen Seite wird der Rasen vom sogenannten »Blauen Band« eingefasst, einem schmalen Pflanzstreifen, der für eine monochrome Bepflanzung vorgesehen ist. Um die geschwungene Linienführung dieses Streifens exakt festzulegen, wird das »Blaue Band« beidseitig von einem Einzeiler aus ebenfalls blauen Pflastersteinen begrenzt. Das Band, nur unterbrochen von einem runden Wasserbecken, zieht sich beinahe durch die gesamte Länge des Gartens, umschlingt den Sitzplatz und schafft ein verbindendes, kontinuierliches Element. Als Bepflanzung des »Blauen Bandes« wird ein Storchschnabel, *Geranium*-Hybride 'Rozanne', verwendet. Diese noch relativ neue Sorte bleibt niedrig und besticht durch ihre enorm lange Blütezeit, die von Ende Mai bis Oktober dauert.

Goldenes Laub und helle Blüten

Als Kontrast zu blauem Pflaster und Storchschnabel werden Gehölze und Stauden mit vorwiegend hellen Blütenfarben wie Weiß und Gelb sowie einige

Buntes Laub ergänzt das Farbschema eines Gartens und wirkt über die gesamte Vegetationsperiode attraktiv.

Gehölze und Stauden mit goldenem Laub verwendet. Durch gelb panaschierte Sorten von Immergrünen wie Buchsbaum und Pfaffenhütchen bieten sich auch noch in der kalten Jahreszeit interessante Farbkontraste, und Immer- und Wintergrüne wie Bambus und die als robuster, anspruchsloser Bodendecker verwendete Waldsteinie verhindern, dass die Pflanzflächen im Winter allzu kahl wirken. Eine gelblaubige Berberitze *(Berberis × thunbergii* 'Aurea') und Stauden wie spektakuläre goldlaubige Funkien, Gold-Segge *(Carex elata* 'Bowles' Golden') und das lustig quergestreifte Stachelschweingras *(Miscanthus sinensis* 'Strictus') tragen zusätzlich zur gelben Farbwirkung der Pflanzung bei. Weiße und gelbe Blüten der verwendeten Gehölze und Stauden ergänzen das Farbkonzept. Der den Sitzplatz in den Nachmittags- und Abendstunden beschattende Zierapfel *(Malus* 'John Downie') erfreut nicht nur durch seine im Mai erscheinenden weißen Blüten. Seine eiförmigen Zieräpfelchen (durchaus nicht nur Zierde, sondern

z. B. auch zur Herstellung von Gelee verwendbar) heben im Herbst leuchtende Gelb- und Orangetöne in den Himmel.

AUF EINEN BLICK

> **Größe des Gartens:** 7,5 m × 13 m = 97,5 m²

> **Bauten:** Terrasse; Pflasterweg; Pflasterfläche; Einzeiler für »Blaues Band«; Wasserbecken mit Zweizeiler als Einfassung;

> **Pflegeaufwand:** Rasenmähen; Pflege der Pflanzflächen; Schnitt des Formgehölzes (ein- bis zweimal jährlich); turnusmäßiges Auslichten der Sträucher (alle drei bis vier Jahre); Entleeren des Wasserbeckens im Herbst.

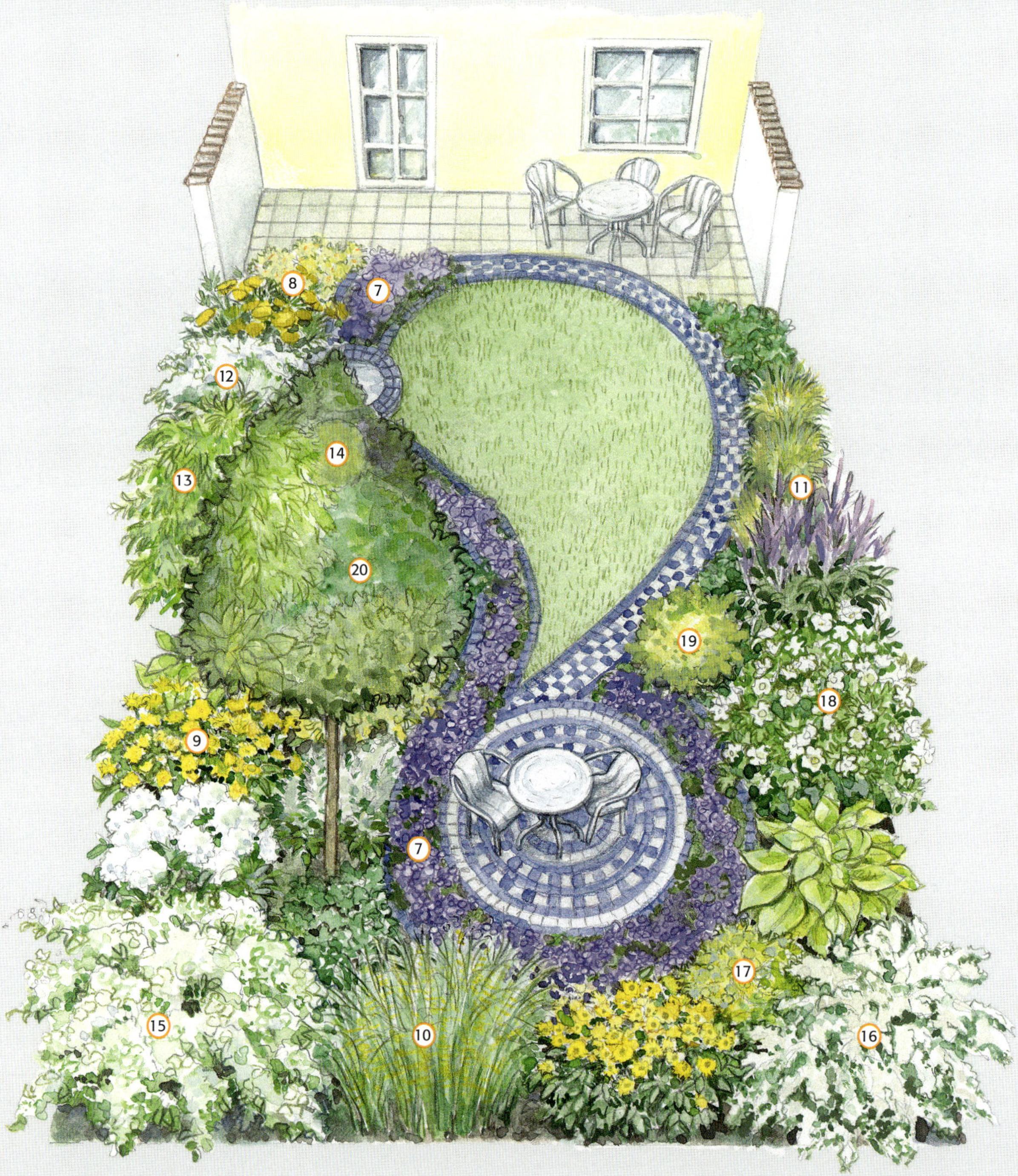
8
7
12
14
13
11
20
19
18
9
7
17
15
10
16

Bauliche Elemente

① Terrasse mit Plattenbelag
② Sichtschutzmauern
③ Wasserbecken
④ »Blaues Band« mit Einzeilern
   aus blauen Pflastersteinen
⑤ Pflasterweg
⑥ Sitzplatz

Bepflanzung

⑦ Bepflanzung »Blaues Band«: Storchschnabel
   (*Geranium*-Hybride 'Rozanne')
⑧ Schafgarbe, Mädchenauge (*Coreopsis
   verticillata* 'Moonbeam')
⑨ Hosta gelblaubig, Sonnenbraut (*Helenium*-
   Hybride 'Kanaria'), Phlox (*Phlox paniculata*
   'Hochgesang'), Gelbbuntes Pfaffenhütchen
   (*Euonymus fortunei* 'Emerald 'n Gold'),
   Prachtspiere (*Astilbe × arendsii* 'Braut-
   schleier'), Waldsteinie (*Waldsteinia ternata*)
⑩ Stachelschweingras (*Miscanthus sinensis*
   'Strictus'), Sonnenhut (*Rudbeckia laciniata*
   'Goldquelle')
⑪ Virginischer Ehrenpreis (*Veronicastrum
   virginicum*), Gold-Segge (*Carex elata*
   'Bowles' Golden'), Waldsteinie
⑫ Prunkspiere (*Exochorda × macrantha*
   'The Bride')
⑬ Bambus (*Fargesia murielae* 'Simba')
⑭ Gelblaubiger Buchs (*Buxus sempervirens*
   'Aureovariegata'), Kugelform
⑮ Pfeifenstrauch (*Philadelphus*-Hybride 'Virginal')
⑯ Schnee-Spiere (*Spiraea arguta*)
⑰ Fingerstrauch (*Potentilla fruticosa* 'Kobold')
⑱ Hibiskus (*Hibiscus syriacus* 'Totus Albus')
⑲ Gelblaubige Berberitze (*Berberis thunbergii*
   'Aurea')
⑳ Zier-Apfel (*Malus*-Hybride 'John Downie')

Ein Vorgarten am Reihenhaus

Bei diesem kleinen Entwurf wird eine Vorgartensituation vorgestellt, die relativ häufig zu finden ist.
Die Herausforderung bei der Gestaltung eines ansprechenden Vorgartens ist, dass auf nicht selten sehr kleinem Raum unterschiedliche Funktionen berücksichtigt werden müssen, die Ästhetik dabei aber nicht zu kurz kommen darf. Denn der wichtigste Anspruch, den man an einen Vorgarten stellen muss, ist, eine freundliche und einladende Eingangssituation entstehen zu lassen, die mit Architektur und Fassadengestaltung des Hauses sowie mit dem Umfeld gut und harmonisch korrespondiert.

Unterschiedliche Funktionen

Allerdings muss der Bereich vor dem Haus nicht nur schön, sondern immer auch funktional sein. Es muss Raum geben für Müll, Briefkasten und häufig auch für

Zwei kleinkronige Bäume im Vorgarten wirken wie Ausrufezeichen. Sie betonen den Eingangsbereich des Hauses und rahmen ihn ein. Zudem geben sie der Pflanzung zusätzliche Höhe.

Fahrräder. Gerade Mülltonnen sind ein leidiges Thema und in der Lage, den Gesamteindruck auch einer an sich schönen Vorgartengestaltung komplett zu zerstören. Für eine stimmige Eingangssituation sollte man deshalb auf alle Fälle bestrebt sein, die Mülltonen, z. B. mit Hilfe eines Tonnenhäuschens, unsichtbar zu machen. Bei einer solchen Lösung wäre es sehr empfehlenswert, passend beispielsweise zu einer modernen Fassadengestaltung, ein Modell in einem entsprechenden Design zu wählen.

Ansprechend und pflegeleicht

Bei diesem Beispiel eines Vorgartens wird der gesamte Bereich von einem filigranen weißen Metallzaun eingefasst. Der Briefkasten befindet sich nicht am Haus, sondern direkt neben dem Gartentor, was es möglich macht, die Post einzuwerfen, ohne dass das Grundstück betreten werden muss. Das Tonnenhäuschen wurde ebenfalls direkt am Grundstückseingang platziert, sodass keine langen Wege mit den Mülltonnen zurückgelegt werden müssen. Auf den wenigen Metern Plattenweg vom Gartentor bis zur Haustüre durchschreitet man ein »Tor« aus zwei Apfel-Dornen (*Crataegus × lavallei* 'Carrierei'), die die Eingangssituation betonen. Apfel-Dorne eignen sich sehr gut als kleinkronige Bäume für beengte Pflanzsituationen. Sie besitzen attraktives, glänzendes Laub, das mitunter bis Dezember am Baum bleibt und erfreuen nicht nur durch ihre hübschen weißen Blüten, sondern vor allem auch durch ihre zierapfelähnlichen, leuchtend orangeroten Früchte im Herbst. Von der Haustüre aus erreicht man auf einem weiteren Plattenweg entlang der Hausfront entweder ein weiteres Gartentor, das zur Garageneinfahrt führt, oder aber eine Hausbank, von der aus man den Garten betrachten kann. Von dort kann man über zwei Schrittplatten eine hübsch gepflasterte Fläche betreten, von der aus man die Pflanzflächen leichter pflegen kann. Den Mittelpunkt dieses Plattenbelages

bildet eine Kugelleuchte, die in einer entsprechenden Farbe den Vorgarten abends in ein geheimnisvolles Licht taucht und in Kombination mit einer weiteren Leuchte direkt am Haus für ausreichend Helligkeit auf den Zugangswegen sorgt. Selbstverständlich muss die Bepflanzung zwischen Kugelleuchte und Weg so niedrig gewählt werden, dass das Licht ungehindert auf die Wegfläche fallen kann. Die Bepflanzung besteht aus robusten Sträuchern, Stauden und Bodendeckern für den absonnigen Bereich wie die anspruchslose Weiße Rispen-Spiere (*Spiraea cinerea* 'Grefsheim'), Hosta, Storchschnabel (*Geranium*-Hybride 'Orion'), Frauenmantel und Waldsteinien. Falls aber der Vorgarten der einzige Garten sein sollte, wäre es selbstverständlich auch möglich, die Pflanzflächen aufwändiger zu gestalten. Ebenfalls denkbar wäre, den Vorgarten nicht nach außen hin abzugrenzen, sondern die Umzäunung entlang der Einfahrt und der Straße wegzulassen. Auch der Zaun zum angrenzenden Vorgarten könnte nach Absprache mit den Nachbarn entfallen. Wen die Blicke Vorübergehender nicht stören, der kann auch noch die Sträucher neben dem Tonnenhäuschen weglassen, damit der Vorgarten sich offen präsentiert.

AUF EINEN BLICK

> **Größe des Gartens:** 7 m × 5 m = 35 m²

> **Bauten:** Plattenwege mit Eingangspodest; Grundplatte für Tonnenhäuschen; Fundamente für Briefkasten; Fundamente für Zaunpfosten; Plattenfläche mit Schrittplatten und Kugelleuchte.

> **Pflegeaufwand:** Pflege der Pflanzflächen; turnusmäßiges Auslichten der Sträucher (alle drei bis vier Jahre).

Bauliche Elemente

① Hauseingang mit Podest
② Vordach aus Glas
③ Holzbank
④ Plattenfläche mit Kugelleuchte
⑤ Plattenwege mit Pflasterzeilen
⑥ Briefkasten
⑦ Gartentore
⑧ Gartenzaun Metall
⑨ Tonnenhäuschen

Bepflanzung

⑩ Hosta *(Hosta-*Hybride 'Big Daddy'), Wald-Glockenblume *(Campanula latifolia* var. *macrantha* 'Alba'),
Storchschnabel *(Geranium-*Hybride 'Orion'),
Frauenmantel *(Alchemilla mollis)*, Waldsteinie
(Waldsteinia ternata)
⑪ Hosta *(Hosta-*Hybride 'Big Daddy'), Waldsteinie
⑫ Weiße Rispen-Spiere *(Spiraea cinerea* 'Grefsheim')
⑬ Apfel-Dorn *(Crataegus × lavallei* 'Carrierei')

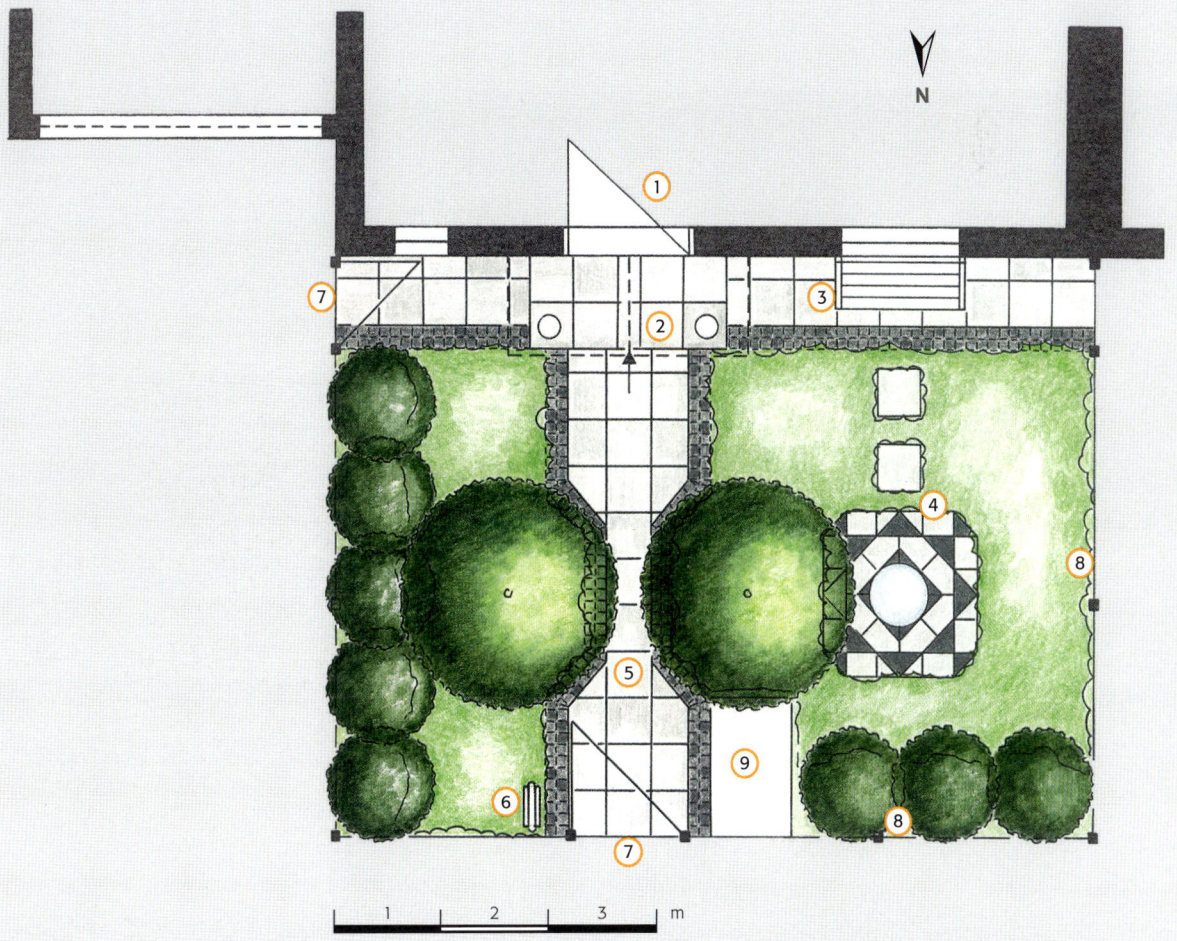

Ein Garten mit Schwimmteich

Bei diesem Familiengarten werden die verschiedenen Nutzungsmöglichkeiten durch einen kleinen Schwimmteich erweitert, der an warmen Tagen der Abkühlung dient und im Gegensatz zu vielen der üblichen Schwimmbecken oder Pools zudem noch richtig schön aussieht.

Terrasse aus Holz

Die Terrasse besteht aus einem Holzdeck, an dessen Schmalseite sich der L-förmige Schwimmteich anschließt. Ein Holzsteg führt um die Hausecke herum, vorbei an einem kleinen Beet zu einem Gartentor. Die von Pflanzstreifen umrahmte rechteckige Rasenfläche

Ein Schwimmteich verleiht dem Garten eine schöne Atmosphäre und bietet Ruheplätze am Wasser, Badespaß an warmen Tagen und die Möglichkeit interessanter Tier- und Pflanzenbeobachtungen.

vor der Terrasse müdet in einen Rasenweg, der zu einem kleinen Sitzplatz mit einer Bank führt. Über einen schmaleren Weg erreicht man von dort eine kleine, mit Platten befestigte Fläche direkt am Wasser – ein idealer Platz, um sich zu sonnen oder vielleicht einen weiteren Tisch und Stühle aufzustellen. Auf einem anderen Weg, vorbei an der rechtwinkligen zentralen Pflanzfläche, erreicht man wieder das Holzdeck. Ein kleinkroniger Baum wirft seinen Schatten auf die Fläche am Schwimmteich und ermöglicht je nach Vorliebe einen Aufenthalt im sonnigen oder schattigen Bereich.

Naturnaher Badespaß

Ein Schwimmteich im Garten empfiehlt sich aus Gründen der Sicherheit nur für Familien, bei denen die Kinder schon größer sind und schwimmen können, denn die Becken sind meist zwischen 1,6 und 2 Metern tief und eine Abdeckung unterhalb der Wasseroberfläche, wie sie häufig für den Gartenteich empfohlen wird, kommt für einen Schwimmteich natürlich überhaupt nicht in Frage.

Der große Vorteil des Schwimmteiches liegt darin, dass im Vergleich zum Swimmingpool nur ein geringer Pflegeaufwand erforderlich ist und keine Chemie zur Sauberhaltung des Wassers zum Einsatz kommt. Schwimmteiche bestehen in der Regel aus einem Drittel Flachwasserzone, in der Wasserpflanzen wachsen, und zwei Dritteln Schwimmzone. Die Flachwasserzone ermöglicht durch den Bewuchs und die sich dort ansiedelnden Mikroorganismen eine biologische Klärung des Wassers. Gleichzeitig erwärmt sich das Wasser durch die Sonneneinstrahlung in den flachen Bereichen sehr schnell und gibt die Wärme an die Schwimmzone ab, so dass jede weitere Heizung überflüssig ist. Gerade bei kleineren Teichen ist jedoch eine Pumpe zwingend erforderlich, die besonders während der warmen Jahreszeit für die nötige Sauerstoffzufuhr sorgt und – falls man kristallklares Wasser

wünscht – zusätzlich mit einem Filter kombiniert werden kann. Gute Dienste leistet auch ein Oberflächen-skimmer, der das Wasser von schwimmenden Teilen wie Blättern oder Blütenstaub reinigt, ohne im Teich lebende Tiere zu schädigen.

Bei der Bepflanzung der Flachwasserzone ist es durchaus erlaubt, das Schöne mit dem Nützlichen zu verbinden. So muss man sich keineswegs auf Rohrkolben oder Gräser beschränken, sondern sollte auch schön blühende Pflanzen wie Blutweiderich, Hechtkraut oder Blumenbinse in die Gestaltung mit einbeziehen.

Der Pflegeaufwand beschränkt sich hauptsächlich auf eine gründliche Reinigung im Frühjahr, die Kontrolle der Wasserwerte (Sauerstoffgehalt, Temperatur) im Sommer sowie das Entleeren der Pumpe und das Abschneiden der Wasserpflanzen im Herbst. Der Aufwand wird durch das Badevergnügen und die Bereicherung des Gartens durch Wasserpflanzen und sich am Teich ansiedelnde Tiere – zum Beispiel Libellen, Wasserläufer, Wasserschnecken oder auch Frösche – bei Weitem aufgewogen.

AUF EINEN BLICK

> **Größe des Gartens:**
  $(9,5 \text{ m} \times 10 \text{ m}) + (3,5 \text{ m} \times 4 \text{ m}) = 109 \text{ m}^2$

> **Bauliche Elemente:** Holzdeck und Holzsteg; Schwimmteich; Pflasterzeile und gepflasterter Sitzplatz; Plattenfläche am Schwimmteich; Sichtschutzwände mit Fundamenten.

> **Pflegeaufwand:** Rasenmähen; Pflege der Pflanzflächen (Düngen, Jäten, Rückschnitt von Verblühtem etc.); turnusmäßiges Auslichten der Sträucher (alle drei bis vier Jahre); Wartung des Schwimmteichs (siehe Text).

Bauliche Elemente

① Holzterrasse
② Flechtwände als Sichtschutz
③ Schwimmteich
④ Plattenfläche
⑤ Sitzplatz mit Bank

Bepflanzung

⑥ Dost (*Eupatorium rugosum* 'Chocolate'), Herbst-Astern in Rosa, Beetrose 'Edelweiß', Clematis 'Jackmanii Superba'
⑦ Storchschnabel (*Geranium psilostemon*), Silberkerze (*Cimicifuga racemosa* 'Brunette')
⑧ *Geranium* × magnificum, Astilbe rosa, Hosta
⑨ Phlox in Rosa und Karmin, Ehrenpreis (*Veronica*-Hybride 'Eveline')
⑩ Rohrkolben, Sumpf-Iris
⑪ Wasser-Dost, Hosta, Sibirische Iris
⑫ Eibisch (*Hibiscus syriacus* 'Totus Albus')
⑬ Frühlings-Spiere (*Spiraea thunbergii*)
⑭ Deutzie (*Deutzia* × *rosea*)
⑮ Weigelie (*Weigela florida* 'Nana Variegata')
⑯ Strauchrose 'Eden Rose'
⑰ Kletterrose 'Lawinia'
⑱ Kletterrose 'Compassion', Clematis 'Mme Le Coultre'
⑲ Geißblatt, Clematis 'The President'
⑳ Flieder (*Syringa* 'Charles Joly')
㉑ Pflaumen-Dorn (*Crataegus prunifolia*)

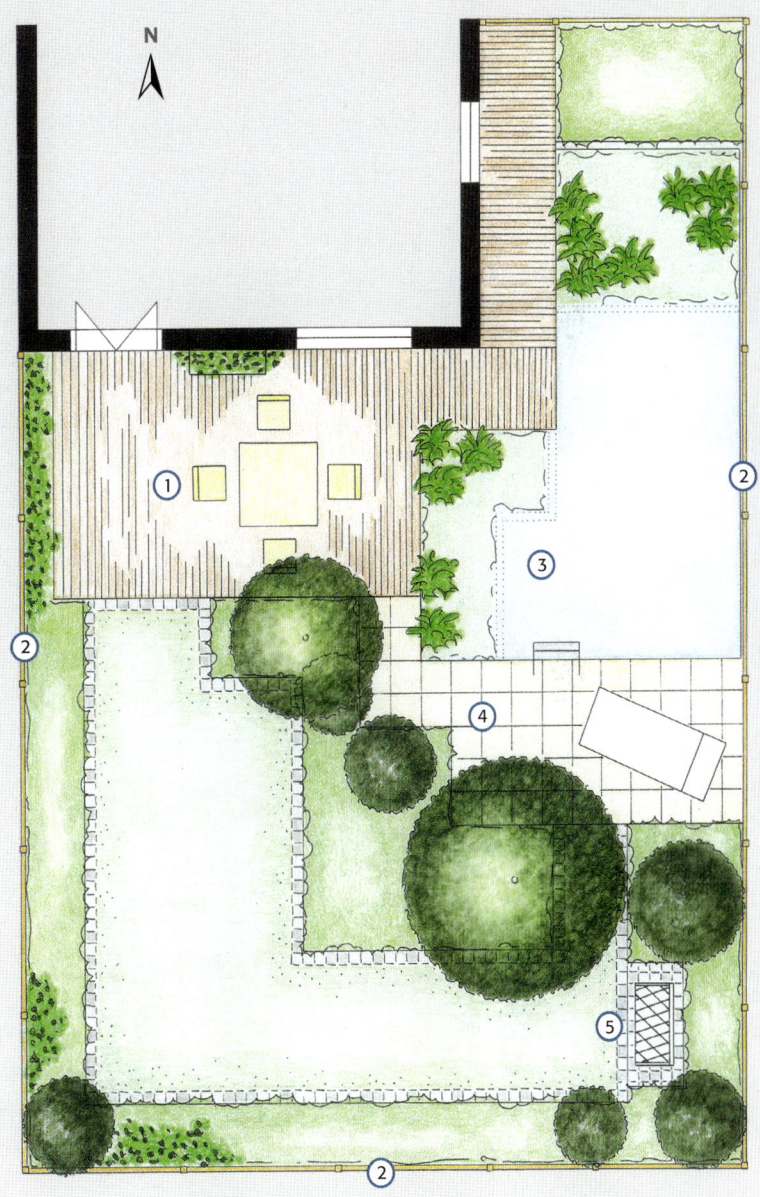

Ein Garten mit Nutzgartenbereich

In diesem Garten gibt es zusätzlich zum Ziergarten einen Bereich, der hauptsächlich Nutzpflanzen vorbehalten ist, so dass sich Gartenbesitzern, die Freude sowohl an blühenden Pflanzen als auch an selbst gezogenem Obst und Gemüse haben, die Möglichkeit bietet, beide Vorlieben in einem ansprechend gestalteten Garten zu vereinen.

Von der Terrasse aus fällt der Blick auf die elliptisch geformte Rasenfläche, die von einer Pflanzfläche für

Nutzgärten liefern Gemüse und Kräuter, können darüber hinaus aber auch dekorativ aussehen.

kleinere Gehölze und Stauden umgeben ist. Den Mittelpunkt bildet ein schönes Objekt, in diesem Fall ein von Sommerblumen umrahmtes Vogelbad. Die Pflanzung wird terrassenseitig von niedrigen, immergrünen Schnitthecken begrenzt.

Nach Funktionen trennen

Folgt man dem Plattenweg, verlässt man den Ziergartenbereich und betritt durch einen Rosenbogen den Nutzgarten, der durch Spalierwände optisch vom übrigen Garten abgeschirmt ist. Die beiden Gartenteile werden, ihrer Funktion entsprechend, klar voneinander getrennt. Das ist aus ästhetischen Gründen vorteilhaft, da eine so große Vielfalt verschiedenartiger Pflanzen auf relativ kleinem Raum dazu tendiert, unruhig zu wirken. Zudem können Gemüsebeete vor allem im frühen Frühjahr, wenn noch nicht gepflanzt werden kann, sowie im Spätsommer und Herbst, wenn manche Pflanzen schon ein bisschen »müde« aussehen oder die Flächen abgeräumt sind, ein etwas tristes, unansehnliches Bild abgeben.

Im Nutzgarten führt der Plattenweg weiter, vorbei an den klinkergefassten Gemüsebeeten, zu einer Sitzbank, die zum Ausruhen und Verweilen einlädt. Spalierwände, die die beiden Gartenteile trennen, bieten Platz für Spalierobstbäume, die man in unterschiedlichen Formen ziehen kann. Die Spalierwände entlang der Grundstücksgrenzen können mit kletternden Obst- und Gemüsearten wie zum Beispiel Weinrebe, Kiwi oder verschiedenen Bohnensorten berankt werden. An der Schmalseite der Terrasse befindet sich ebenfalls ein Rosenbogen, durch den man einen Gartenhof mit Hochbeeten und einem weiteren Sitzplatz erreicht. In den Beeten findet sich Platz für Küchenkräuter jeder Art. Die Spalierwände könnten hier Beerenobst wie Himbeeren oder Brombeeren Halt bieten.

Schöne Mischkulturen

Am schönsten wirken Nutzgärten, wenn man das Prinzip des »Nützlichen« nicht zu eng auslegt. Es spricht nichts dagegen, zwischen den Gemüsekulturen oder den Obstgehölzen einige Blütenpflanzen anzusiedeln. Manche altbekannten und attraktiven Sommerblumen können sich auf die angebauten Kulturen sogar positiv auswirken, weil sie Schädlinge von den Pflanzen fernhalten. Tagetes (Studentenblume) und Calendula (Ringelblume) zum Beispiel befreien den Boden von Fadenwürmern, und Kapuzinerkresse – unter Obstbäumen ausgesät – hält Blatt- und Blutläuse von diesen fern. Auch viele Kräuter haben eine positive Wirkung auf die Gesundheit ihrer »Nachbarn«. Einjährige, rankende Duftwicken könnten Bohnenpflanzungen auflockern, und falls zwischen den Spalierbäumen noch genug Platz ist, würden nicht zu stark wachsende Clematis dort sehr schön wirken. Trotz des Nutzpflanzencharakters ist nichts gegen eine dekorative Verwendung von Gemüse einzuwenden. Man kann dies sowohl durch eine entsprechende Sortenwahl mit Augenmerk auf schöne Blatt- oder Stängelfarben und interessante Blatttexturen als auch durch eine ansprechende Vergesellschaftung der Pflanzen erreichen. Ob Kombinationen mit Kräutern und Blüten oder Experimente mit ausgefallenen Gemüsesorten, der Kreativität sind auch im Nutzgarten keine Grenzen gesetzt. Obstgehölze stellen ebenfalls eine schöne Bereicherung für einen Nutzgarten dar. Am Spalier gezogen, benötigen sowohl Bäume wie Apfel, Birne oder Aprikose als auch Sträucher wie zum Beispiel Himbeeren, Brombeeren, Kiwis oder Weinreben nur wenig Raum und lassen sich auch in einem kleinen Garten problemlos unterbringen.

Spalierobstbäume nehmen nur wenig Platz ein und können zur Raumbildung im Garten beitragen.

AUF EINEN BLICK

> **Größe des Gartens:**
  $(9\,m \times 12\,m) + (3\,m \times 4\,m) = 120\,m^2$

> **Bauliche Elemente:** Terrasse und Plattenbelag in Gartenhof und Gemüsegarten; gemauerte Hochbeete; Plattenweg; Pflasterzeilen um Rasen und Gemüsebeete; Rosenbögen mit Fundamenten; Spalierwände mit Fundamenten.

> **Pflegeaufwand:** Rasenmähen; Pflege der Pflanzflächen (Düngen, Jäten, Rückschnitt von Verblühtem etc.); jährliche Pflanzung von Gemüse und Sommerblumen; jährlicher Schnitt der Obstgehölze; Schnitt von Hecken und Formgehölzen (ein- bis zweimal jährlich); regelmäßiges Auslichten der Rosen.

Bauliche Elemente

① Terrasse mit Plattenbelag
② Vogelbad
③ Spalierwände, z. T. berankt
④ Rosenbogen, berankt
⑤ Gemüsebeete mit Klinker-
   einfassung
⑥ Hochbeete für Kräuter

Bepflanzung

⑦ Strauchrose 'Mabel Morrison',
   Geißbart (*Aruncus dioicus*), Steppen-Iris (*Iris ochroleuca* 'Frigia'),
   Storchschnabel (*Geranium*-Hybride
   'Nimbus')
⑧ Rittersporn (*Delphinium*-Hybride
   'Abendleuchten'), Sibirische Iris
   (*Iris sibirica* 'Shirley Pope'), Phlox
   (*Phlox paniculata* 'Schneeferner'),
   Aster (*Aster novi-belgii* 'Fellow-
   ship'), Geranium-Hybride 'Nimbus'
⑨ Gemüse in Mischkultur
⑩ Küchen- und Heilkräuter, Schnittlauch, Thymian, Salbei, Liebstöckel,
   Pfefferminze etc.
⑪ Kletterrose 'Ännchen von Tharau'
⑫ Kletterrose 'Coral Dawn', Clematis
   'Lasurstern'
⑬ Weinrebe (*Vitis vinifera* 'Purpurea'),
   Kiwi (*Actinidia* 'Weiki')
⑭ Strauchrose 'Charles de Mills'
⑮ Strauchrose 'Maiden's Blush'
⑯ Historische Strauchrose 'Madame
   Boll'
⑰ Spalierobstbäume, in Fächerform
   gezogen

Ein »zweigeteilter« Garten

Bei diesem Reihenhauseckgarten wurde die L-Form des Grundstückes dazu genutzt, einen Garten zu entwerfen, der sowohl aus einem frei gestalteten als auch aus einem formalen Teil besteht.

Der formale Bereich wird durch eine immergrüne, halbhohe Schnitthecke vom restlichen Garten getrennt. Diese Hecke wird mittig von einem einfachen, von Kletterrosen umspielten Rankgerüst begleitet, das der Grenze zwischen den beiden Gartenteilen Höhe

gibt, aber den Blick nicht völlig abschirmt. Die berankten Segmente des Gerüstes wirken so wie »Fenster« in den anderen Teil des Gartens.

Verlässt man die Terrasse durch den Durchgang an der Schmalseite, erreicht man den formal gestalteten Garten, in dem die Beete mit niedrigen Schnitthecken aus Buchs eingefasst sind. Der Blick fällt auf einen steinernen Wandbrunnen am Ende des Querweges. Die Kreuzung der beiden Wege wird durch das Pflaster und durch vier Buchskugeln an den Eckpunkten der Hecken betont. Der Längsweg führt auf einer Seite zu einem Gartentor, auf der anderen hinaus aus dem formalen Gartenbereich zu einer mit Rosen bewachsenen Laube, in der sich ein schattiger Sitzplatz befindet. Neben der Rosenlaube in einem schmalen Pflanzstreifen steht ein Kunstwerk oder ein schönes Objekt, das, von der anderen Seite des Gartens kommend, den Blick auf sich zieht.

Formal und frei

Von zwei zu Kugeln geschnittenen Formgehölzen flankiert, führt der Weg weiter in den frei gestalteten Teil des Gartens mit seiner geschwungenen Rasenfläche und den umgebenden Pflanzungen. Ein attraktives Blütengehölz an der Grundstücksgrenze bildet beim Betreten der Rasenfläche einen Blickpunkt. Über den Rasen und durch ein »Tor« aus zwei weiteren Formgehölzen führt der Weg wieder zurück zur Terrasse. Wenn man von hier aus auf den frei gestalteten Gartenteil zurückblickt, weckt ein in der Wegachse stehender kleinkroniger Baum mit im Jahresverlauf wechselnden, interessanten Aspekten wie Blüte, Fruchtschmuck und Herbstfärbung das Interesse des Betrachters.

Buchsgefasste Beete passen gut in formale Gärten und wirken mit üppiger Bepflanzung nicht zu streng.

Bei einer freien Gestaltung können Pflanzflächen und Wege in geschwungenen Linien geführt werden.

Gestalterische Vielfalt

In diesem Garten gibt es durch die räumliche Gliederung viele Möglichkeiten, die Bepflanzung abwechslungsreich zu gestalten. Eine interessante Idee wäre zum Beispiel, die Beete im formalen Gartenteil sehr zurückhaltend zu bepflanzen und so die strenge Form noch zu unterstreichen. So wäre es vorstellbar, die Flächen zwischen den Buchshecken ausschließlich mit einem immergrünen Bodendecker auszufüllen, vielleicht – um etwas Farbe in die Beete zu bringen – in einer oder zwei buntlaubigen Sorten. Diese ruhigen Flächen würden allenfalls mit ein paar Zwiebelpflanzen für das Frühjahr kombiniert werden, ansonsten aber als farbige Felder in der Art eines Parterres wirken.

Diese Gestaltung würde nicht nur einen ungewöhnlichen Anblick bieten, sondern wäre auch pflegeleicht. Wer mit so viel Strenge nichts anfangen kann, der könnte sich in beiden Gartenteilen für eine Bepflanzung mit Stauden entscheiden und diese in den verschiedenen Räumen in unterschiedlichen Farbkombinationen gestalten, beispielsweise im formalen Teil weiß, blau und gelb, im frei gestalteten dagegen blau, weiß und rosa. Ebenfalls denkbar wäre es, einen monochromen Garten zu schaffen und einen oder sogar beide Gartenbereiche mit Gehölzen und Stauden hauptsächlich in einer Blütenfarbe zu bepflanzen, wobei kleine »Tupfer« in Kontrastfarben durchaus legitim sind und die Wirkung sogar noch steigern können. Eine solche Pflanzenkomposition erfordert allerdings ein wenig gärtnerische Erfahrung, um ein ästhetisch befriedigendes Ergebnis zu erzielen.

AUF EINEN BLICK

> **Größe des Gartens:**
  $(10 \text{ m} \times 11 \text{ m}) + (4 \text{ m} \times 4 \text{ m}) = 126 \text{ m}^2$

> **Bauliche Elemente:** Terrasse; Plattenwege; Klinkerzeile um Rasenflächen; Wandbrunnen und Plastik; Rosenlaube mit Pflasterfläche und Fundamenten; Rankgerüst mit Fundamenten; Flechtwände mit Fundamenten.

> **Pflegeaufwand:** Rasenmähen; Pflege der Pflanzflächen (Düngen, Jäten, Rückschnitt von Verblühtem etc.); Schnitt von Hecken und Formgehölzen (ein- bis zweimal jährlich); turnusmäßiges Auslichten der Sträucher (alle drei bis vier Jahre); evtl. Entleeren der Pumpe für den Brunnen im Herbst.

Bauliche Elemente

① Terrasse mit Plattenbelag
② Flechtwände als Sichtschutz
③ Wandbrunnen
④ Rankgerüst, Holz
⑤ Dekoratives Objekt
⑥ Rosenlaube, berankt
⑦ Klinkerzeile als Einfassung
   und Mähkante

Bepflanzung

⑧ Phlox weiß, Zier-Salbei violett,
   Beetrosen weiß, Herbst-Astern
   weiß und violett, Frauenmantel
⑨ Phlox rosa, Ehrenpreis weiß, Sporn-
   blume weiß, Storchschnabel blau
⑩ Sommer-Margerite, Glattblatt-
   Aster rosa, Storchschnabel blau,
   Kissen-Aster weiß
⑪ Schnitthecke, Buchs *(Buxus*
   sempervirens)
⑫ Amethystbeere *(Symphoricarpus*
   doorenbosii 'Amethyst')
⑬ Berg-Ilex *(Ilex crenata* 'Stokes')
⑭ Pfeifenstrauch *(Philadelphus-*
   Hybride 'Bouquet Blanc')
⑮ Bartblume *(Caryopteris*
   clandonensis)
⑯ Schneeball *(Viburnum*
   carlesii 'Aurora')
⑰ Kletterrose 'Gloire de Dijon'
⑱ Kletterrose 'Albéric Barbier'
⑲ Zier-Apfel *(Malus-*Hybride
   'Van Eseltine')

N

1   2   3   m

Ein Familiengarten am Reiheneckhaus

Dieser Gartenentwurf trägt den unterschiedlichen Bedürfnissen einer Familie Rechnung und bietet Raum sowohl für geselliges Beisammensein als auch zum Spielen für die Kinder.

Großes Holzdeck für alle

Auf der großen Holzterrasse gibt es neben dem Essplatz auch einen Sandspielbereich für kleinere Kinder und, auf der anderen Seite des Hauses,

einen von Pflanzstreifen umgebenen Ruheplatz, von dem aus man ein Auge auf die Kinder im Sandkasten haben kann. Wenn die Kinder für das Sandspielen zu groß geworden sind, ist es ohne großen Aufwand möglich, den Sandkasten in ein Beet für Sonne liebende Pflanzen umzuwandeln.

Vom Essplatz aus zieht ein Windspiel oder ein anderes dekoratives Objekt in der Pflanzfläche jenseits des Rasens den Blick auf sich. Folgt man der Rasenfläche bis zu ihrem Ende, verengt sie sich zu einem Weg,

Ein eigener kleiner Gartenbereich mit Beeten, für die sie selbst verantwortlich sind und auf denen sie selbstständig Blumen und Beeren ziehen können, weckt bei Kindern die Freude am Gärtnern.

der zu einem weiteren, kleineren Rasenplatz führt, der von Sträuchern und Staudenpflanzungen umgeben ist. Hier findet sich ein hübsches kleines Weidenhäuschen für die Kinder. Von dort führen zwei rechtwinklig zueinander liegende Schrittplattenwege durch die Pflanzflächen hindurch entweder zurück zur Terrasse oder wieder zum Hauptrasen.

Ein Garten für Kinder

Die kleine Rasenfläche mit dem Weidentipi würde sich anbieten, um dort einen gesonderten kleinen Garten speziell für die Kinder zu schaffen, in dem sie ungestört spielen können. In so einem Fall wäre es empfehlenswert, in den Pflanzflächen, die diesen »Kindergarten« umgeben, robuste Sträucher und unempfindliche, bodendeckende Stauden zu verwenden, die es nicht besonders übel nehmen, wenn sie beispielsweise einmal von einem Ball getroffen werden. Das zentrale Element dieses Bereiches, das Weidentipi, kann man mit ein wenig Geschick leicht selbst bauen. Man sollte jedoch unbedingt darauf achten, gut ausschlagsfähige Weidenarten zu verwenden. Die Weidenstangen müssen mindestens einen halben Meter tief im Boden versenkt und bis zum Anwachsen ständig feucht gehalten werden, sonst vertrocknen sie leicht. Eine gute Idee wäre es auch, einen kleinen Teil der diesen Bereich umgebenden Pflanzflächen als Kinderbeete zu gestalten, um das Interesse der Kinder am Gärtnern frühzeitig zu wecken. Jedes Kind bekommt sein eigenes Beet, um das es sich dann kümmern darf und in dem es pflanzen kann, was es will. Um die Kinder nicht zu überfordern, ist ein Quadratmeter Pflanzfläche völlig ausreichend. Besonders interessant sind natürlich alle Pflanzen, die man essen oder von denen man naschen kann, oder solche, die schnell keimen und wachsen, wie zum Beispiel Monats- oder großfruchtige Erdbeeren, Kresse, Radieschen, Kürbisse, Möhren, Petersilie, Ringelblumen, Kapuzinerkresse oder Sonnenblumen.

Weidenhäuschen oder -tunnel sind einfach zu bauen und bieten schöne Möglichkeiten zum Spielen.

AUF EINEN BLICK

> **Größe des Gartens:**
  $(10 \text{ m} \times 11 \text{ m}) + (4 \text{ m} \times 4 \text{ m}) = 126 \text{ m}^2$

> **Bauliche Elemente:** Holzdeck; Ausrüstung des Sandkastens; Pflasterzeile um Rasenflächen; Schrittplattenwege; Fundament für Windspiel; Weidentipi; Flechtwände mit Fundamenten.

> **Pflegeaufwand:** Rasenmähen; Pflege der Pflanzflächen; Auslichten der Sträucher (alle drei bis vier Jahre); Austauschen des Sandes im Sandkasten (alle zwei Jahre); Pflege des Weidentipis (Einflechten des Neuaustriebs bzw. Rückschnitt sehr langer Triebe).

Bauliche Elemente

① Holzdeck
② Sandspielbereich
③ Flechtwände als Sichtschutz
④ Schrittplattenwege
⑤ Weidentipi
⑥ Windspiel

Bepflanzung

⑦ Sibirische Iris, Hosta, Storchschnabel violett, Frauenmantel,
Lungenkraut
⑧ Kaukasusvergissmeinnicht,
Storchschnabel *(Geranium
macrorrhizum)*
⑨ Waldsteinie *(Waldsteinia ternata)*
⑩ Ehrenpreis *(Veronica subsessilis*
'Blaue Pyramide'), Sommer-
Margerite
⑪ Herbst-Astern blau und weiß,
Schafgarbe *(Achillea filipendulina)*
⑫ Strauchrose 'Lichtkönigin Lucia'
⑬ Strauchrose 'Boule de Neige'
⑭ Schneeball *(Viburnum carlesii)*
⑮ Frühlings-Spiere *(Spiraea
thunbergii)*
⑯ Forsythie (Forsythia intermedia
'Goldzauber')
⑰ Deutzie (Deutzia 'Boule de Neige')
⑱ Mahonie *(Mahonia aquifolium)*
⑲ Scheinquitte *(Chaenomeles
speciosa* 'Nivalis')
⑳ Clematis-Hybride
'Jackmanii Superba'
㉑ Kugel-Trompetenbaum
(Catalpa bignonioides 'Nana')
㉒ Zier-Kirsche *(Prunus serrulata*
'Tai Haku')

Ein streng gestalteter Garten

Bei diesem Doppelhaushälften-Garten wurde eine strenge, reduzierte Gestaltung gewählt. Die quadratische Fläche wird von zwei diagonalen Achsen durchzogen, die den Garten gliedern und dazu beitragen, interessante Blickpunkte zu schaffen. Bei der ebenfalls reduzierten Bepflanzung wurde ein besonderes Augenmerk auf eine schöne Herbstfärbung gelegt, sodass die recht pflegeleichten Pflanzflächen und Gehölze zum Jahresausklang noch einmal mit einem Feuerwerk an Farben aufwarten.

Blickachse zum Wasserbecken
Vom Holzdeck am Haus wird der Blick über Pflanz- und Rasenfläche hinweg zu einem Durchgang in der diagonal verlaufenden Schnitthecke gelenkt. Durch diese Öffnung erlangt man einen Blick zum sich in der entgegengesetzten Grundstücksecke

Formschnittgehölze und Schnitthecken sorgen für klare Linien in einem formalen Garten.

befindlichen Wasserbecken, auf dessen Oberfläche sich die malerisch überhängenden Zweige einer Zier-Kirsche spiegeln. Da man den kleinen, separaten »Teichgarten« durch die Hecke jedoch nicht völlig einsehen kann, verlockt die Abgeschirmtheit dazu, diesen Teilbereich erkunden zu wollen. Verlässt man das Holzdeck deshalb auf dem nach Südosten führenden, diagonalen Plattenweg, durchschreitet man zunächst die vor der Terrasse liegende Pflanzfläche mit blühenden Stauden für den sonnigen bis halbschattigen Lebensbereich sowie zwei kleinkronige, ein »Tor« bildende Ahorne. Man quert die diagonale, langgestreckte Rasenfläche, die Raum bietet für Spiele, aber auch für weitere Sitz- oder Liegemöglichkeiten. Durch die zum Durchgang hin abfallende Hecke und ein weiteres »Ahorntor«, das Teil der Hecke ist, betritt man den Bereich am Wasserbecken, der mit Sitzbänken in unmittelbarer Nähe des Wassers zum Verweilen und Betrachten einlädt.

Meditative Stimmung
Durch die Wasserfläche und eine zwar reduzierte, aber aus einem exquisiten Gehölz und schönen, dauerhaften Stauden bestehende Bepflanzung entsteht in diesem »Teichgarten« eine angenehme, meditative Stimmung, die über einen großen Zeitraum des Gartenjahres anziehend wirkt und den Betrachter zur Ruhe kommen lässt. Auch die entlang der Gartenmauern verlaufenden Pflanzstreifen sind mit nur wenigen Gehölzen und Strauchrosen ausgestattet und großflächig mit robusten Taglilien und einem wintergrünen Storchschnabel (*Geranium macrorrhizum* 'Ingwersen') als Bodendecker ausgefüllt, was den Pflegeaufwand für diese Randstreifen stark reduziert.

Architektonische Wasserbecken unterstreichen die Formensprache in streng gestalteten Gärten.
Eine sparsame Bepflanzung vorausgesetzt, spiegeln sie sehr schön die umgebende Vegetation wider.

Insbesondere der Felsen-Storchschnabel *(Geranium macrorrhizum)* verdient besonderes Augenmerk: Seine aromatisch duftenden Blätter bilden eine dichte Decke, er ist trockenheitsverträglich, verfügt über eine leuchtende Herbstfärbung von gelb bis rot und es gibt viele Sorten mit hübschen Blütenfarben.

Holz-, Pflaster- und Pflanzflächen lassen ein Zusammenspiel aus überwiegend warmen Farbtönen entstehen, das im Spätsommer und Herbst durch eine prächtige Laubfärbung vieler der verwendeten Gehölze und Stauden gekrönt wird. Besondere Erwähnung sollten hier die verwendeten Ahorne, die sich ab September in leuchtend rote Fackeln verwandeln, die Zier-Kirsche, die Hainbuchen-Hecke, aber auch Stauden wie Bergenien oder Storchschnabel, finden.

AUF EINEN BLICK

> **Größe des Gartens:** 14 m × 14 m = 196 m²

> **Bauten:** Holzdeck; Plattenwege mit ausgepflasterten Ecken; Wasserbecken.

> **Pflegeaufwand:** Rasenmähen; Pflege der Pflanzflächen; Schnitt von Formgehölzen und Hecke (ein- bis zweimal jährlich); Auslichten der Sträucher (alle drei bis vier Jahre); Pflege des Wasserbeckens (Reinigung, Pflege der Wasserpflanzen, Entleeren im Herbst).

Bauliche Elemente

① Holzdeck
② Gartenmauern
③ Plattenwege
④ Wasserbecken mit
   Platteneinfassung

Bepflanzung

⑤ Taglilie (*Hemerocallis*-Hybride
   'Helen von Stein')

⑥ Balkan-Storchschnabel (*Geranium macrorrhizum* 'Ingwersen')
⑦ Bergenie (*Bergenia*-Hybride
   'Eroica')
⑧ Prachtspiere (*Astilbe taquetii*
   'Purpurlanze'), Pfingstrose weiß,
   Glockenblume (*Campanula lactiflora* 'Alba'), Roter Sonnenhut
   (*Echinacea purpurea* 'Rubinstern'),
   Zier-Salbei (*Salvia nemorosa*
   'Ostfriesland'), Kissen-Aster (*Aster dumosus* 'Heinz Richard'), Rotlaubiges Purpurglöckchen (*Heuchera*-Hybride 'Plum Pudding')

⑨ Strauchrose (*Rosa moschata*
   'Ballerina')
⑩ Küchenkräuter
⑪ Pfeifenstrauch (*Philadelphus*-Hybride 'Belle Etoile')
⑫ Buchs (*Buxus sempervirens*),
   als Kugel
⑬ Schnitthecke Hainbuche
   (*Carpinus betulus*)
⑭ Hänge-Zier-Kirsche
   (*Prunus subhirtella* 'Pendula')
⑮ Rot-Ahorn
   (*Acer rubrum* 'Scanlon')

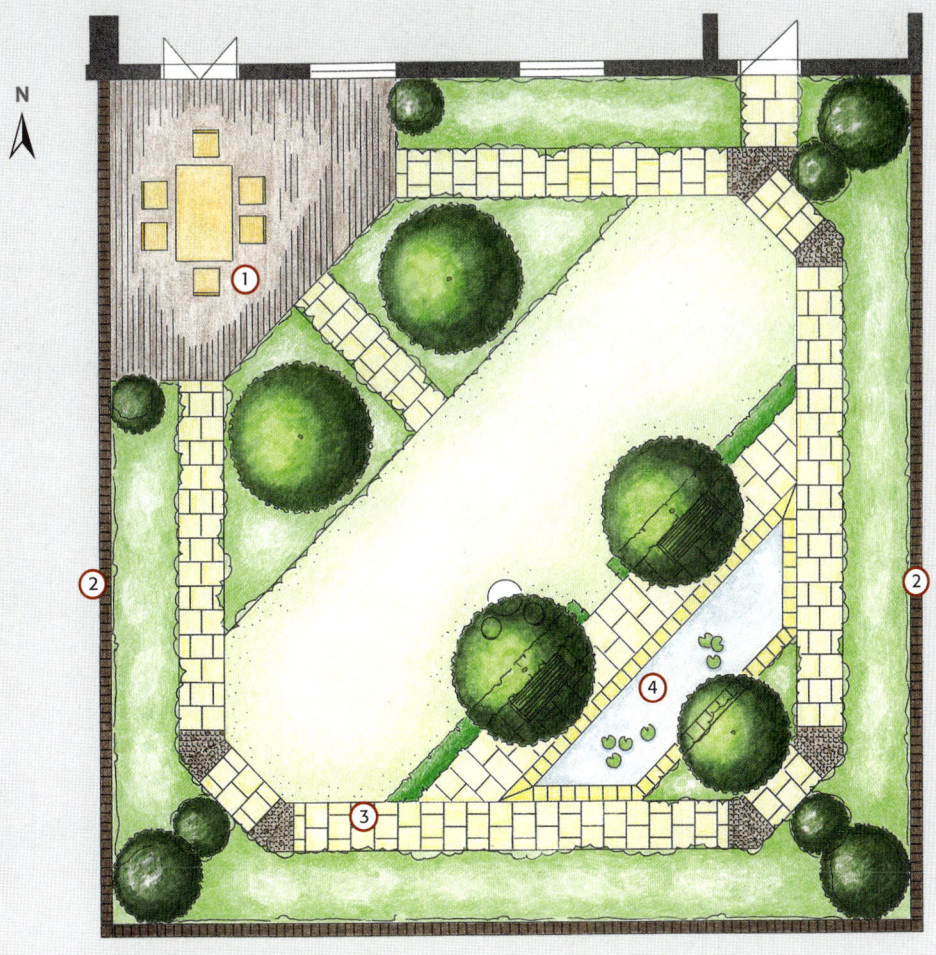

N

1 2 3 m

Ein Garten im japanischen Stil

Bei diesem Entwurf vereinigen sich Pflanzen, Stein, Wasser und Holz zu einem harmonischen, japanisch anmutenden Garten. Einen authentischen japanischen Garten zu schaffen stellt sich in Europa meist als recht schwierig dar. Diese Art der Gestaltung ist stark mit religiösen Aspekten und fernöstlicher Philosophie verbunden, zu der westliche Gartenbesitzer häufig nur schwer Zugang finden. Für die Harmonie und die große Ruhe, die diese Gärten ausstrahlen, sowie für

Ein Schöpfbecken bereichert einen japanischen Garten um das so wichtige Element Wasser.

die Schönheit der überlegten Pflanzenzusammenstellungen und die Ästhetik der vielfach exquisiten Materialien sind jedoch auch viele Nicht-Japaner durchaus empfänglich. Es spricht also nichts dagegen, diese Qualitäten eines japanischen Gartens auf unsere Verhältnisse zu übertragen und einen westlichen Garten in Anlehnung an japanische Gestaltungskriterien zu schaffen.

Von der Holzterrasse am Haus bildet ein japanisches Schöpfbecken in einer kleinen Pflanzfläche einen hübschen Blickpunkt, und ein Bambus spendet Schatten für den Sitzplatz. Verlässt man das Holzdeck und quert die Rasenfläche, erreicht man, vorbei an einer Buddha-Statue, das mit Natursteinplatten gefasste Wasserbecken. Hier lädt eine kleine Steinbank zum Betrachten der Wasserfläche ein.

»Fenster zum Himmel«

Wasser ist in einem japanischen Garten von großer Bedeutung, denn seine Oberfläche reflektiert das Licht und spiegelt den Himmel wider. Himmel und Erde werden auf diese Art vereint. Bei dem Wasserbecken in diesem Beispiel spiegeln sich außerdem die das Becken umgebenden Gehölze auf der Wasseroberfläche, was einen zusätzlichen, reizvollen Aspekt darstellt. Wasserbecken und Sitzplatz werden von schmalen Pflanzstreifen umgeben, in denen Gehölze sowie Stauden für den Halbschatten einen Platz finden. In der Pflanzfläche vor der Glasfront des Hauses stehen ausgesuchte Sträucher, die vom Wohnbereich aus gut gesehen werden können und von Frühjahr bis Winter attraktiv sind. Durch die unmittelbare Nähe der Pflanzung zum Gebäude wird der Garten auch vom Innenraum aus zu jeder Jahreszeit erlebbar.

Ein Flechtzaun, verschiedene Steinplatten und Kies sowie die unterschiedlichen Pflanzenstrukturen und Laubfarben lassen diesen japanischen Garten abwechslungsreich und interessant wirken.

Blatt und Blüte

Zur Begleitung der Gehölze wäre eine Staudenpflanzung, bei der das Augenmerk in erster Linie auf interessanten und abwechslungsreichen Blattformen und -texturen und erst in zweiter Linie auf bunten Blüten liegt, besonders schön. Gut eignen würden sich zum Beispiel verschiedene *Hosta*-Arten, Bergenien, *Astilbe*-Arten, *Hemerocallis*-Wildarten, aus Asien stammende Arten der Elfenblume *(Epimedium)*, die immergrüne, mit ihrem attraktiven, grasartigen Laub den Boden gut deckende Lilientraube *(Liriope)*, die durch wunderschönes Blattwerk und interessante Blüten bestechende Wachsglocke *(Kirengeshoma palmata)*, große und kleine ornamentale Gräser – vielleicht auch mit besonderen Laubfarben – und Farne. Von der Terrasse aus führt ein Schrittplattenweg, bestehend aus Natursteinplatten in zwei verschiedenen Formaten, zunächst durch Rasen, folgt dem Kiesstreifen entlang der Hauswand und erreicht schließlich das Tor, das die Grenze des Gartens bildet.

AUF EINEN BLICK

> **Größe des Gartens:** (7,5 m × 14,5 m) + (2,2 m × 10 m) + (1,5 m × 3 m) = 135 m²

> **Bauliche Elemente:** Holzdeck; Wasserbecken und Sitzplatz; Kiesfläche für Schöpfbrunnen; Kiesstreifen am Haus; Einfassung der Pflanzflächen mit Metallband; Schrittplatten; Flechtwand mit Fundamenten.

> **Pflegeaufwand:** Rasenmähen; Pflege der Pflanzflächen; Schnitt von Hecke und Formgehölzen (ein- bis zweimal jährlich); Pflege des Wasserbeckens (regelmäßige Wasserreinigung, v.a. im Frühjahr, Rückschnitt der Wasserpflanzen und evtl. Entleeren der Pumpe im Herbst).

Bauliche Elemente

① Holzdeck
② Schöpfbecken (Chozubachi)
③ Schrittplattenweg
④ Japanische Steinlaterne
⑤ Buddha-Figur
⑥ Wasserbecken, eingefasst
   mit Steinplatten
⑦ Steinbank
⑧ Flechtzaun

Bepflanzung

⑨ Waldsteinie (*Waldsteinia ternata*),
   Gräser, Farne
⑩ Lungenkraut (*Pulmonaria dacica* 'Blue Ensign'), Hosta, Astilbe
   (*Astilbe × arendsii* 'Irrlicht')
⑪ Taglilie (*Hemerocallis thunbergii*),
   Astilbe (*Astilbe × arendsii* 'Braut-
   schleier'), Bergenie (*Bergenia*-Hy-
   bride 'Silberlicht'), Pfeifengras (*Moli-
   nia arundinacea* 'Windspiel'), Segge
   (*Carex*-Hybride 'Silver Sceptre')
⑫ Schirm-Bambus (*Fargesia murielae*)
⑬ Schnitthecke Hainbuche
   (*Carpinus betulus*)
⑭ Rispen-Hortensie (*Hydrangea
   paniculata* 'Kyushu')
⑮ Sommergrüne Azaleen
   (*Rhododendron*-Hybride 'Persil',
   Rhododendron ponticum)
⑯ Japanischer Ahorn
   (*Acer shirasawanum* 'Aureum')
⑰ Japanischer Schneeball
   (*Viburnum plicatum* 'Mariesii')
⑱ Azalee und Rhododendron
   (*Rhododendron*-Hybride 'Palestrina',
   Rhododendron impeditum
   'Ramapo')
⑲ Zier-Kirsche (*Prunus subhirtella*
   'Pendula')
⑳ Rostbart-Ahorn (*Acer rufinerve*)

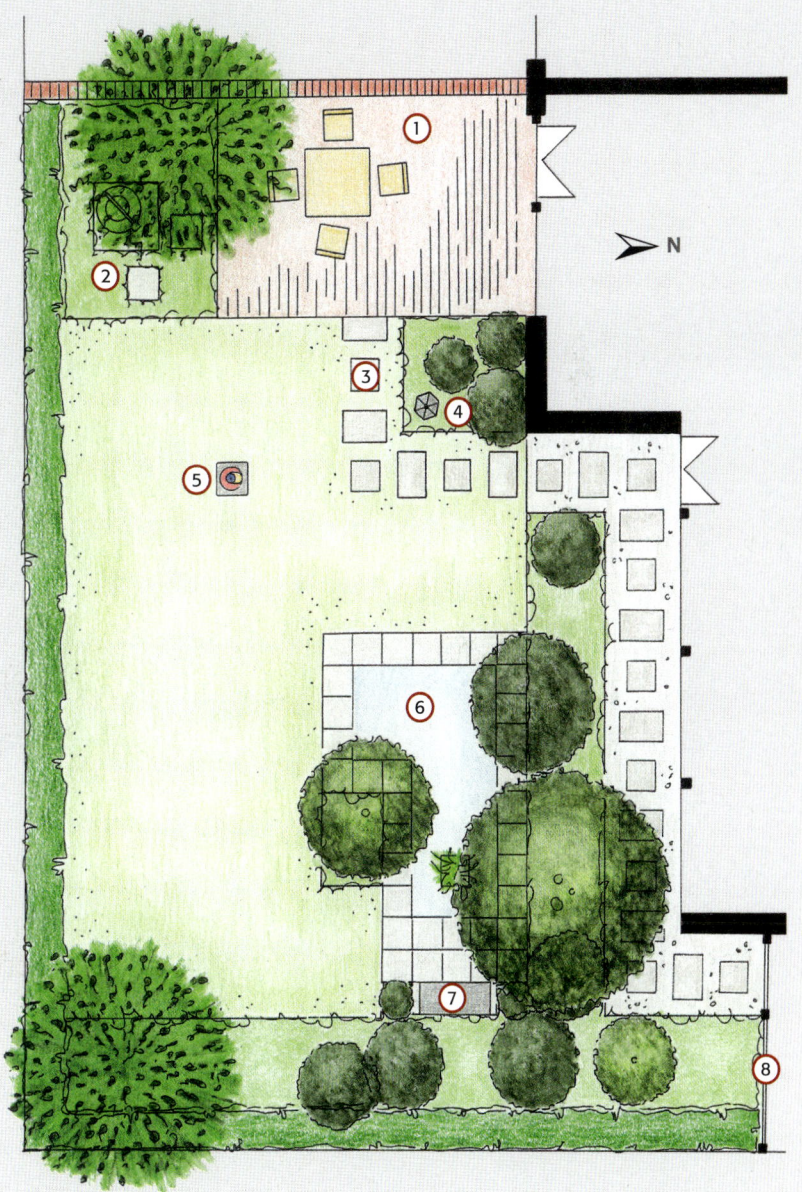

Ein formal gestalteter Garten

Bei diesem formalen Entwurf wird der Garten ohne Unterteilungen als ein Raum behandelt.

Eine formale Gestaltung ist nicht automatisch gleichbedeutend mit rechtwinkligen Formen oder geraden Kanten. Hier sorgen die geschwungenen Linien der Buchshecken für eine ruhige, klare Aufteilung der Fläche, zugleich aber bringen sie eine angenehme Bewegtheit in den Garten und lockern die streng rechteckige Form des Grundstücks auf. Der Garten ist axial aufgebaut und hat eine Längs- und eine Querachse, die sich am Hochbeet in der Mitte des Rasens kreuzen, wobei die Querachse symmetrisch konzipiert ist. Dieser axiale Aufbau betont den formalen Charakter der Anlage.

Gegenüber der halbrunden Terrasse, die mit ihrem hellen, von einem Zweizeiler aus Mosaikpflaster eingefassten Plattenbelag freundlich und großzügig wirkt, befindet sich ein halbrundes, gemauertes Wasserbe-

Geometrische Formen und buchsgefasste Beete sind klassische Elemente eines formal gestalteten Gartens und sorgen für eine ruhige und harmonische Gliederung der Pflanzung.

cken, das von einem Streifen des gleichen Plattenbelages umrahmt wird. Ein in die Mauer eingelassener
Wasserspeier sorgt für Bewegung im Wasser und ermöglicht es, das Wasser auch akustisch zu erleben.

Hochbeet als Mittelpunkt

Im Mittelpunkt der Rasenfläche befindet sich ein gemauertes Hochbeet, das aus dem gleichen Material
wie der Brunnen gebaut ist. Hier ist Platz für einen
kleinen Baum, der für Höhe inmitten der Fläche sorgt.
Gut eignen würde sich – wie im Beispiel dargestellt
– eine als Hochstamm gezogene Glyzinie, die nicht
nur durch ihre wunderschönen, im Frühjahr erscheinenden Blütentrauben auffällt, sondern aufgrund ihrer
unregelmäßigen Kronenform auch einen hübschen
Kontrast zu den klaren Linien des Gartens darstellt.
Falls ein größerer Baum gewünscht wird, der auch
Schatten spendet und der Gartenmitte mehr Höhe
und Gewicht gibt, könnte man statt des Hochbeetes
eine runde, ebenerdige Pflanzfläche für einen Hochstamm vorsehen. An den beiden Enden der Längs-
achse befinden sich, eingerahmt von Buchshecken
und Pflanzungen, zwei Sitzbänke, die zum Betrachten
der Beete einladen.

Kegel und Kugeln

In den Ecken der Pflanzflächen finden sich vier zu
schmalen Kegeln geschnittene Formgehölze, die der
Pflanzung die nötige Höhe geben. Die Buchskugeln,
die die Enden der Hecken krönen, bilden dazu einen
wohltuenden Kontrast. Schön wäre es auch, wenn
die Pflanzungen nicht zu streng gestaltet würden, sondern – im klaren Unterschied zur ruhigen Fläche des
Rasens und den formalen Linien und scharfen Kanten
der Schnitthecke – mit einer Fülle verschiedener Blüten aufwarten würden. Eine Kombination verschiedener Beetstauden für den sonnigen Bereich, wie zum
Beispiel Rittersporn, Phlox, Glockenblumen, Taglilien

Ein gemauertes Wasserbecken umgeben von Pflanzen
wirkt durch die Kombination von Stein und Grün.

oder Astern, die noch durch einige Beet- oder kleinere
Strauchrosen ergänzt werden könnte, würde sich dafür
anbieten.

AUF EINEN BLICK

> **Größe des Gartens:** 10 m × 15 m = 150 m²

> **Bauliche Elemente:** Gartenmauer; Terrasse;
  Wasserbecken mit Plattenfläche; Plattenflächen
  für Sitzplätze; Hochbeet mit Pflasterzeilen.

> **Pflegeaufwand:** Rasenmähen; Pflege der
  Pflanzflächen; Schnitt von Hecken und Form-
  gehölzen (ein- bis zweimal jährlich); Pflege des
  Wasserbeckens (regelmäßige Wasserreinigung,
  v.a. im Frühjahr, Entleeren der Pumpe im
  Herbst).

Bauliche Elemente

① Terrasse mit Plattenbelag
   und Pflasterzeilen
② Gartenmauer
③ Sitzplätze mit Holzbänken
④ Hochbeet gemauert, mit
   Pflasterzeilen als Einfassung
⑤ Wasserbecken, gemauert,
   mit Platten und Pflasterzeilen
   als Einfassung

Bepflanzung

⑥ Rittersporn (*Delphinium*-Hybride
   'Tempelgong'), Glockenblume
   (*Campanula lactiflora* 'Prichard'),
   Taglilie (*Hemerocallis flava* 'Major',
   Hemerocallis-Hybride 'Mary Todd'),
   Phlox (*Phlox paniculata* 'Pax'),
   Zier-Salbei (*Salvia nemorosa*
   'Mainacht'), Kissen-Aster (*Aster
   dumosus* 'Augenweide') Beetrosen
   'Snowdance', 'Golden Border'
⑦ Säulen-Eibe (*Taxus baccata*
   'Fastigiata Robusta')
⑧ Glyzinie (*Wisteria sinensis* 'Alba'),
   auf Stamm
⑨ Schnitthecke Buchs (*Buxus
   sempervirens* 'Suffruticosa')

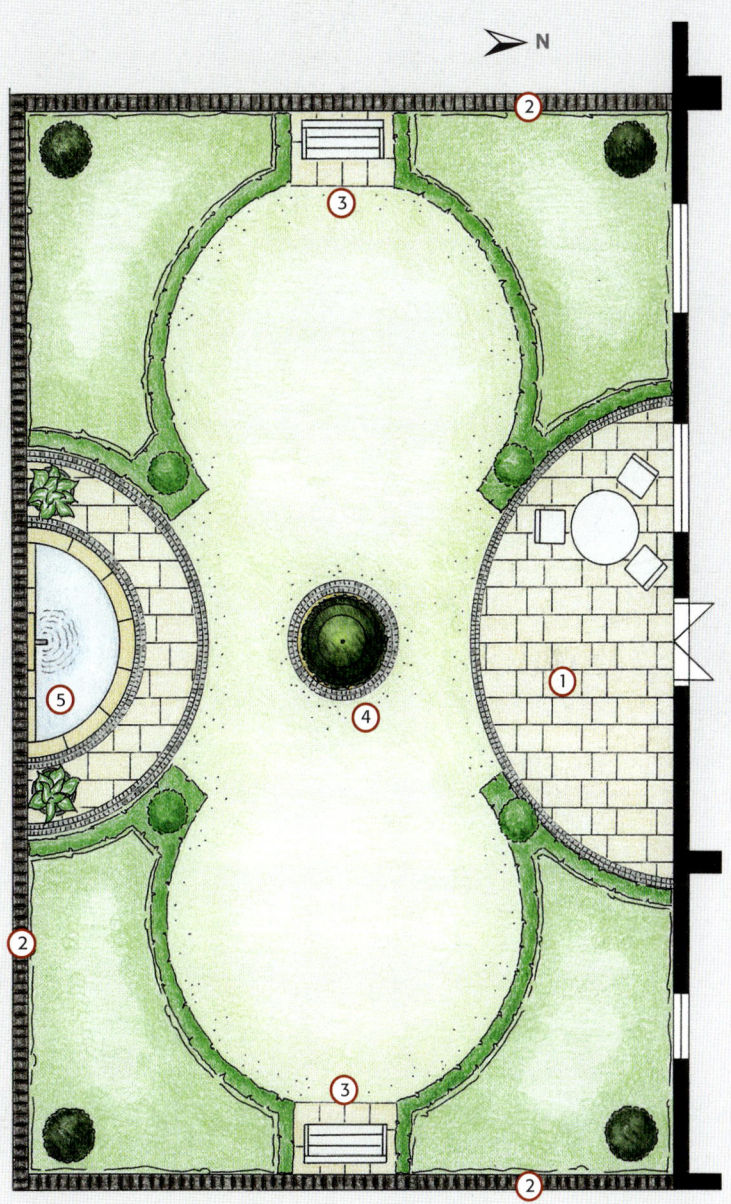

Ein frei gestalteter Garten

Auch bei diesem frei gestalteten Entwurf ist der Garten »offen« angelegt, und das gesamte Grundstück wird als ein Raum behandelt. Durch die fließenden, unregelmäßig geschwungenen Linien wird die rechteckige Grundfläche des Gartens locker umspielt und die Mauerkanten, die möglicherweise etwas hart wirken könnten, durch Pflanzungen kaschiert.

Die vor- und zurückschwingenden Begrenzungslinien der Pflanzflächen »schieben« sich in den Rasen hinein und lassen diesen sich verengen und wieder aufweiten. Das bietet – abhängig vom Standpunkt des Betrachters im Garten – interessante und ganz unterschiedliche Perspektiven.

Fließende Linien

Die Terrasse am Haus mit ihrer annähernd halbrunden Fläche läuft aus in einen gepflasterten Weg, der zur Garage hinüberführt. Die wellenförmige Pflasterung nimmt die fließende Linienführung der Pflanz- und Rasenflächen auf. In die hellgraue Fläche wurden zur Untergliederung und Betonung der Form einige Streifen in einem dunkleren Material eingearbeitet. Wem diese Art der Gestaltung jedoch zu aufwendig erscheint, kann selbstverständlich auf die Kontraststreifen verzichten und die Terrasse in einer einheitlichen Farbe pflastern lassen.

Sonne und Schatten

Ein schmaler Pflanzstreifen vor der Terrassenfläche trennt diese optisch vom angrenzenden Rasen. Auf der Ostseite der Terrasse, wo sich Pflaster, Rasen und Pflanzfläche begegnen, bildet ein kleines Wasserbecken in einer kreisrunden Kiesfläche einen Blickpunkt. Schräg gegenüber des sonnigen Sitzplatzes auf der Terrasse befindet sich jenseits des Rasens im Schatten eines größeren Baumes ein weiterer kleiner Sitzplatz. Dessen runde Pflasterfläche harmoniert gut mit den geschwungenen Linien des Gartens und korrespondiert zudem mit der Kreisform der Kiesfläche an der Terrasse. Vom Sitzplatz aus führt ein Schrittplattenweg,

Eine kreisrunde Pflasterfläche fügt sich gut in frei gestaltete, informale Pflanzungen ein.

Geschwungene Linien als Grenze zwischen Pflanzflächen und Rasen »fließen« durch den Garten, kaschieren harte Kanten und tragen zur räumlichen Wirkung der Gestaltung bei.

der zugleich die Pflege erleichtert, durch die Pflanzfläche hindurch zurück zum Rasen.

Die Pflanzflächen an der Terrasse eignen sich gut für eine Bepflanzung mit Sonne liebenden Stauden, auch in Kombination mit Rosen oder anderen Kleingehölzen. Im Schatten der Mauer sowie zwischen und unter den höheren Gehölzen bietet sich einen Bepflanzung mit Stauden für den halbschattigen bis schattigen Bereich an. Schön wäre es auch, einige ausgewählte Bereiche der Gartenmauer mit Kletterpflanzen zu begrünen. Hierfür würden sich zum Beispiel farblich mit den Stauden harmonierende Kletterrosen oder aber selbstklimmende Arten des Wilden Weines, der im Sommer durch kräftiges Grün und eine attraktive Blattform und später im Jahr durch eine flammende Herbstfärbung erfreut, gut eignen.

AUF EINEN BLICK

> **Größe des Gartens:** 10 m × 15 m = 150 m²

> **Bauliche Elemente:** Gartenmauer; Terrasse; Kiesfläche mit Pflasterzeile um das Wasserbecken; Sitzplatz; Pflasterzeile um die Rasenfläche.

> **Pflegeaufwand:** Rasenmähen; Pflege der Pflanzflächen; turnusmäßiges Auslichten der Sträucher (alle drei bis vier Jahre); Pflege des Wasserbeckens: regelmäßige Wasserreinigung.

Bauliche Elemente

① Terrasse mit wellenförmigem
Pflaster
② Wasserbecken in Kiesfläche
③ Pflasterzeile als Einfassung
④ Schrittplattenweg
⑤ Schattiger Sitzplatz
⑥ Gartenmauer

Bepflanzung

⑦ Sonnenbraut *(Helenium*-Hybride
'Kugelsonne'), *Phlox paniculata*
'Hochgesang', Sonnenhut, Goldrute
(Solidago-Hybride 'Strahlenkrone'),
Katzenminze
⑧ Elfenblume, Lungenkraut, Farne
⑨ Ehrenpreis *(Veronica longifolia*
'Blauriesin'), Glockenblume *(Campanula persicifolia* 'Grandiflora
Alba'), Storchschnabel blau
⑩ Forsythie *(Forsythia intermedia*
'Goldzauber')
⑪ Felsenbirne *(Amelanchier
lamarckii)*
⑫ Mahonie *(Mahonia aquifolium*
'Apollo')
⑬ Lorbeerkirsche *(Prunus lauro-
cerasus* 'Otto Luyken')
⑭ Pfeifenstrauch *(Philadelphus-*
Hybride 'Schneesturm')
⑮ Korkflügelstrauch *(Euonymus
alatus* 'Compactus')
⑯ Strauchrose 'Schneewittchen'
⑰ Kletterrose 'Goldstern'
⑱ Beetrose 'Edelweiß', Katzenminze
(Nepeta × faassenii)
⑲ Beetrose 'Friesia', Katzenminze
⑳ Wilder Wein *(Parthenocissus
tricuspidata* 'Veitchii')
㉑ Zier-Apfel *(Malus tschonoskii)*

Ein Garten in Hanglage, formal gestaltet

In diesem Beispiel fällt das Gelände vom Haus bis zur Grundstücksgrenze gleichmäßig ab. Das Problem solcher Gärten ist, dass man ebene Flächen schaffen muss, um den Garten richtig nutzen zu können. Ziel des hier vorgestellten Entwurfs ist es, die Nutzbarkeit der Fläche ohne allzu aufwendige Baumaßnahmen zu verbessern.

Um die Stützmauer nicht zu hoch werden zu lassen, ist die Terrasse im Bereich der Treppe nicht sehr breit angelegt; durch die zurückspringende Gebäudekante ist jedoch ausreichend Raum für Ruheplätze und geselliges Beisammensein. Der helle Plattenbelag wirkt freundlich und großzügig. Von hier aus hat man einen guten Ausblick über die klar gegliederte, symmetrisch aufgebaute Gartenanlage.

Terrassierte Beete

Von der Terrasse führt eine zweiteilige, rechtwinklig zur Wegachse verlaufende Treppenanlage hinunter in den Garten. Vorbei an terrassierten, ebenflächigen Beeten mit buntem Blumenschmuck führt der

Stützmauern fangen hängiges Gelände auf und lassen ebene, terrassierte Flächen entstehen. Eine üppige Bepflanzung, die Mauerkrone und Treppenwangen locker umspielt, wirkt besonders schön.

Plattenweg über einige Stufen hinunter zu einem Rasenplatz mit einer Rosenlaube, in der sich ein schattiger Sitzplatz verbirgt. Links und rechts der Laube an den Grundstücksgrenzen bilden zwei kleine, rechteckige Wasserbecken attraktive Blickpunkte. Im Bereich der Stufen fangen niedrige Ziegelmauern das Gelände auf. Die obere dieser Mauern »verliert« sich im Gelände, die untere jedoch verläuft links und rechts bis zu den Grundstücksgrenzen und geht an beiden Enden in die Seitenwände der Wasserbecken über. Oberhalb der Wasserbecken ziehen sich zwei schmale Pflanzstreifen mit einer Klinkerzeile als Einfassung an den Grundstücksgrenzen entlang bis hinauf zum Fuß der Terrassenmauer. In diesen Pflanzstreifen unterstreichen vier Bäume mit strengen Kugelkronen den formalen Charakter des Gartens. Da im Mittelteil des Gartens nur der Plattenweg und die vier identischen Terrassenbeete eben ausgebildet sind, die Seitenbereiche aber eine Neigung aufweisen, sind entlang der Grenzen entweder gar keine oder nur niedrige Stützmauern erforderlich. Die vier Terrassenbeete eignen sich gut für eine Bepflanzung mit Sonne liebenden, halbhohen Stauden und Polsterstauden, vielleicht in Kombination mit Kleinstrauchrosen oder sogenannten Bodendeckerrosen. Die geringe Wuchshöhe und die bunten Farben der Blütenpflanzen bilden einen schönen Kontrast zu der strengen Form und dem dunklen Grün der Buchskugeln in den Ecken der Beete sowie zu der ruhigen Unterpflanzung der Bäume in den Seitenstreifen.

Nische mit Kugel

Folgt man dem Plattenweg von der Rosenlaube in Richtung der Terrasse, so wird der Blick von einer farbigen Kugel angezogen, die in einer Nische im Treppenpodest steht. Statt einer einfachen Kugel wäre natürlich genauso gut ein anderes schönes Objekt möglich. Es könnte aber auch eine Kugelleuchte oder eventuell sogar ein Kugelbrunnen installiert werden.

Eine rosenüberwachsene Laube bietet Raum für einen schattigen Sitzplatz mit schöner Atmosphäre.

AUF EINEN BLICK

> **Größe des Gartens:**
  (13 m × 12 m) + (4 m × 2 m) = 164 m²

> **Bauliche Elemente:** Terrasse mit Stützmauer; Treppenpodest mit Nische; gemauerte Pfeiler für Brüstung und Geländer; Plattenweg mit Stufen; Platteneinfassung für Rasen; Stützmauern; Klinkerzeilen; Wasserbecken; Rosenlaube mit Sitzplatz; Flechtwände mit Fundamenten.

> **Pflegeaufwand:** Rasenmähen; Pflege der Pflanzflächen; Abstechen der Rasenkanten; Schnitt der Formgehölze (ein- bis zweimal jährlich); turnusmäßiges Auslichten der Sträucher (alle drei bis vier Jahre); Pflege des Wasserbeckens: regelmäßige Wasserreinigung, v.a. im Frühjahr, Rückschnitt der Wasserpflanzen, evtl. Düngung im Frühjahr.

Bauliche Elemente

① Terrasse mit Plattenbelag
② Spalierwände, berankt, als Sichtschutz
③ Treppenpodest mit Nische
④ Stützmauern aus Klinker
⑤ Wasserbecken, gemauert
⑥ Rosenlaube, berankt
⑦ Flechtwände als Sichtschutz

Bepflanzung

⑧ Beetrose 'Bonica '82', Feder-Nelke *(Dianthus plumarius* 'Alba Plena'), Mädchenauge *(Coreopsis verticillata* 'Moonbeam'), Zier-Salbei *(Salvia nemorosa* 'Marcus'), Karpaten-Glockenblume *(Campanula carpatica* 'Dunkelblaue Clips')
⑨ Großblättriger Efeu *(Hedera hibernica)*
⑩ Rittersporn *(Delphinium-*Hybride 'Lanzenträger'), Wiesenraute *(Thalictrum flavum* subsp. *glaucum),* Katzenminze *(Nepeta*

sibirica), Sommer-Margerite *(Leucanthemum × superbum),* Geranium sanguineum 'Album'
⑪ Gelbbunter Hartriegel *(Cornus alba* 'Spaethii')
⑫ Kugel-Steppen-Kirsche *(Prunus fruticosa* 'Globosa')
⑬ Kletterrosen 'Ilse Krohn Superior', 'Goldstern'; *Clematis-*Hybride 'Jackmanii Superba'

Ein japanischer Innenhof

Dieser intime, im japanischen Stil gestaltete Innenhof wirkt durch eine harmonische Kombination aus Pflanzen, Steinen und Wasser und bietet trotz seiner geringen Größe eine Vielzahl schöner Elemente, ohne unruhig oder überladen zu erscheinen.

Vom Holzdeck aus, das sich an der ganzen Front des Hauses entlangzieht, hat man einen schönen Blick auf das direkt vor der Terrasse liegende Wasserbecken. Zwar ist die Wasserfläche nicht sehr groß, reflektiert aber dennoch das Licht und erfüllt damit die wichtige Funktion eines »Fensters zum Himmel« – ein Element von hoher Symbolkraft im japanischen Garten. Es sollten keine Pflanzen im Wasser wachsen, aber es wäre möglich, einige japanische Koi-Karpfen zu halten, die gut zum Charakter des Beckens und des ganzen Gartens passen würden. Verlässt man die Terrasse und folgt dem Schrittplattenweg, so zieht zunächst ein hoher, interessant geformter Stein in der Grundstücksecke den Blick auf sich. Dort beginnt auch ein Kiesstreifen, der sich diagonal durch die Fläche windet, und, zunächst schmal, am Wasserbecken aufweitet und dieses ganz umschließt.

Symbolische Elemente

Da japanische Gärten häufig Landschaften oder sogar die Welt im Kleinen darstellen wollen, haben bestimmte Elemente, vor allem Steine, Pflanzen und Wasser, eine Symbolik. Der große Stein in der Ecke symbolisiert einen Berg, an dem ein symbolischer Fluss – dargestellt durch den Kiesstreifen – entspringt. Folgt man dem Weg weiter, so überquert man den »Fluss« auf einer »Brücke« aus zwei schmalen Steinplatten und erreicht, vorbei an schönen Pflanzungen, einen kleinen Sitzplatz mit einer roten Holzbank. Von dort fällt der Blick auf ein attraktives Gehölz, hier im Beispiel ein japanischer Ahorn, der sich unmittelbar vor der Bank befindet und so eine genaue Betrach-

Wasser, Steine und interessante Pflanzenstrukturen ergeben auch ohne bunte Blüten ein stimmiges Bild.

tung der Details, beispielsweise der Blatttextur, der Wuchsform oder der unterschiedlichen Aspekte zu den verschiedenen Jahreszeiten, erlaubt. In der Kiesfläche finden sich neben den größeren Gehölzen auch einige zu Halbkugeln geschnittene japanische Azaleen, die kleine Berge oder eine Hügellandschaft darstellen.

Laubformen und -farben

Die Attraktivität der Pflanzenzusammenstellung in diesem Innenhof beruht – vielleicht mit Ausnahme der Azaleen – nicht auf bunten Blüten, sondern in erster Linie auf verschiedenen Blatttexturen und unterschiedlichen Laubfarben. So bildet beispielsweise bei der hier vorgeschlagenen Bepflanzung das feine, eher hellgrüne Laub des Bambus einen reizvollen Kontrast zu den großen, samtigen Blättern der Hortensie in dunkelstem Grün. Auch das filigrane Laub der Farne, die ledrigen Blätter der Bergenien, die Blattzeichnungen der Hosta, das farnartige, zierliche Laub der Laugenblume oder der silbrig behaarte Frauenmantel tragen zur Vielfalt des Grüns bei.

Reizvolle Aspekte ergeben sich auch im Herbst und sogar während der Wintermonate. So erglüht der vorgeschlagene japanische Ahorn, der am Wasserbecken steht, zu Beginn der kalten Jahreszeit in leuchtenden Gelb- und Orangetönen, die mit der Farbe der roten Sitzbank in der Nähe korrespondieren. Wenn das Ahornlaub schließlich fällt, werden viele der bunten Blätter – wenigstens eine Zeit lang – auf der dunklen Wasseroberfläche treiben und selbst auf diese Weise noch ein Bild von großer Schönheit bieten. Ilex, japanische Azaleen, Rhododendron und Bambus sind immergrün, nicht so dagegen Hortensie und Finger-Aralie, die nach dem Abwerfen der Blätter die grafischen Linien ihrer interessanten Triebe präsentieren, die bei der Aralie leicht bestachelt, bei der Hortensie dagegen behaart sind und vor der weißen Gartenmauer gut zur Geltung kommen.

Von hoher Ästhetik ist das Zusammenspiel von Steinen, Grünfläche und unterschiedlichen Wuchsformen.

AUF EINEN BLICK

> **Größe des Innenhofes:** 8 m × 8 m = 64 m²

> **Bauliche Elemente:** Holzdeck; Wasserbecken mit Steineinfassung; Kiesfläche mit Pflasterzeile; Schrittplatten und Sitzplatz; Aufstellen des großen Steins ggf. mit Fundament.

> **Pflegeaufwand:** Pflege der Pflanzflächen; Schnitt der Formgehölze (ein- bis zweimal jährlich); Reinigung der Kiesfläche; Pflege des Wasserbeckens: regelmäßige Wasserreinigung, v. a. im Frühjahr, evtl. Entleeren der Pumpe im Herbst.

Bauliche Elemente

① Holzdeck
② Gartenmauer
③ Wasserbecken,
   mit Steinen eingefasst
④ Schrittplatten
⑤ Großer Stein
⑥ Kiesstreifen mit Pflasterzeile
   als Einfassung
⑦ Sitzplatz mit Holzbank

Bepflanzung

⑧ Hosta fortunei 'Argenteomar-
   ginata' und *Hosta*-Hybride
   'Big Daddy'
⑨ Laugenblume *(Cotula potentillina)*
⑩ *Hosta*-Hybride 'Sum and Substance', Frauenmantel, Bambus
   (Sasaella glabra f. *albostriata)*
⑪ Segge *(Carex*-Hybride 'Silver
   Sceptre'), Frauenfarn *(Athyrium
   filix-femina* 'Lady in Red')
⑫ Frauenmantel *(Alchemilla mollis)*
⑬ Schirm-Bambus *(Fargesia
   murielae* 'Simba')

⑭ Schirm-Bambus *(Fargesia
   murielae)*
⑮ Riesenblatt-Hortensie
   *(Hydrangea aspera
   'Macrophylla')*
⑯ Finger-Aralie *(Acanthopanax
   sieboldianus)*
⑰ Schlitzblatt-Ahorn *(Acer pal-
   matum* 'Dissectum Viridis')
⑱ Japanische Azaleen und
   Rhododendron *(Rhododendron*-Hybride 'Diamant Weiß',
   Rhododendron impeditum
   'Moerheim')
⑲ Berg-Ilex *(Ilex crenata)* als
   Formschnittgehölz

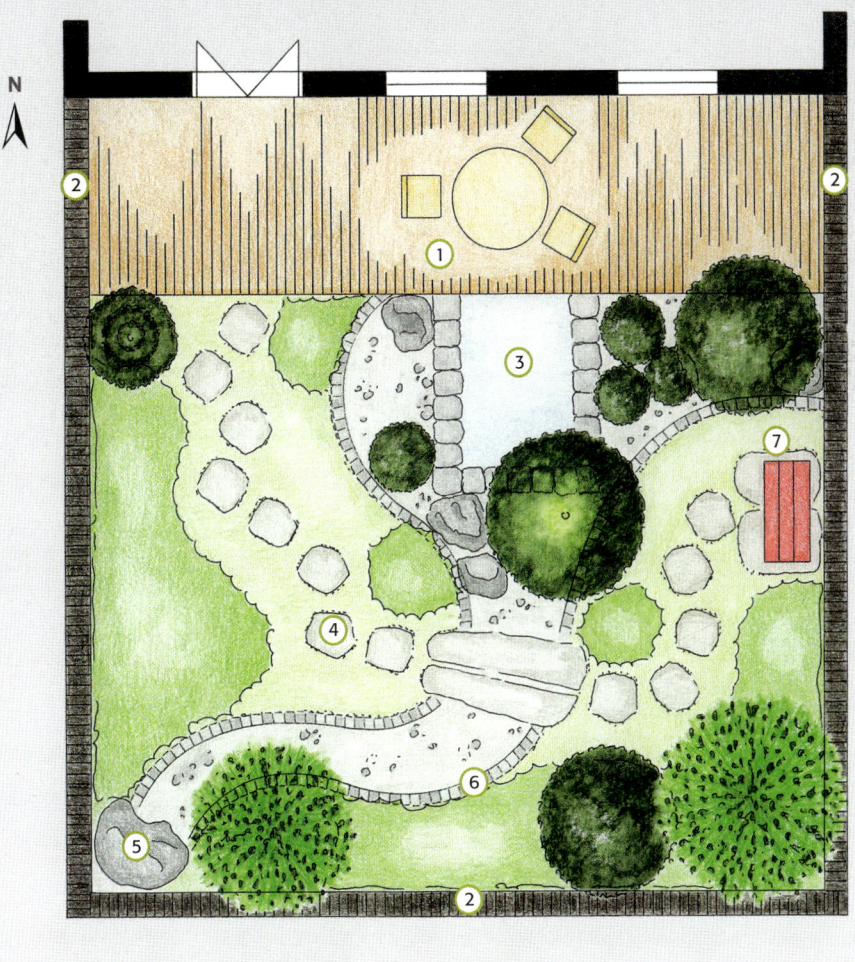

Ein formal gestalteter Innenhof

Bei diesem Entwurf für einen Innenhof im städtischen Umfeld wird durch einen formalen, symmetrischen Aufbau und besondere Ausstattungselemente ein attraktives kleines »Gartenzimmer« geschaffen, das eine Erweiterung des eigentlichen Wohnraumes darstellt und zum »Wohnen im Freien« einlädt.

Attraktives Pflastermuster

Die Steinfläche im Zentrum des Hofes bietet ausreichend Raum für einen Essplatz im Freien und geselliges Beisammensein. Durch das Absenken dieses Mittelteiles um eine Stufenhöhe erscheinen die Pflanzflächen darum herum etwas höher und das Gefühl des Umgebenseins mit schönen Pflanzen trägt zur Attraktivität des Sitzplatzes bei. Die diagonale Verlegung heller und dunkler Platten im Schachbrettmuster

wirkt elegant und zeitlos und die kühle Klarheit sowie die exquisite Farbigkeit lassen die Fläche wirklich wie den Fußboden eines Zimmers wirken. Wer schon einmal Gelegenheit hatte, den selbstverständlichen Umgang mit Stein in südeuropäischen Innenhöfen und Patios zu bestaunen, weiß, wie sehr Pflastermuster zu einer interessanten Gestaltung beitragen können. Stets ist bei einer so großen befestigten Fläche zu bedenken, dass sie – wie alle Terrassen, Wege und Treppen im Außenbereich – entwässert werden muss. Dies könnte zum Beispiel durch einen Einlauf in der Mitte der Fläche geschehen, der dann die tiefste Stelle des Hofes bilden müsste. Bei der Positionierung und Gestaltung der Entwässerung sollte man unbedingt darauf achten, dass sie sich möglichst unauffällig in den Entwurf einfügt und so wenig gestalterischen Schaden wie möglich anrichtet.

Kugelbrunnen stellen eine hübsche Möglichkeit dar, Wasser in die Gartengestaltung einzubeziehen.

Aufhellende Farben

Da der Hof in diesem Beispiel durch ein hohes Gebäude auf der Südseite recht schattig ist, wurden hauptsächlich Gehölze und Stauden mit hellen Blüten- und Laubfarben vorgeschlagen. Zarte Farben wie Weiß, Gelb oder Cremetöne leuchten »aus sich selbst heraus« und sind in der Lage, schattige Partien eines Gartens aufzuhellen und den Eindruck von besonnten Stellen zu erwecken. Eine solche Farbgebung wirkt an schattigen Plätzen natürlich, denn auch bei Pflanzengesellschaften in der freien Landschaft finden sich im tiefen Schatten von Gehölzen keine roten, violetten oder dunkelblauen Blüten, da diese Farben im gedämpften Licht unter Bäumen von Insekten, auf deren Bestäubung die meisten Pflanzen angewiesen sind, nicht gesehen werden können. Vier gelbnadelige, kegelförmige Eiben in den Ecken der Pflanzfläche geben der Pflanzung Höhe und Dauerhaftigkeit. Buchskugeln, Kugelleuchten und ein farblich interessant gestalteter Kugelbrunnen bilden einen formschönen Kontrast dazu.

Die Pflanzung wirkt sowohl durch auffallende Blüten, wie die Sterne der großblumigen Taglilien, die Fiederbüsche der Astilben und die prachtvollen Kerzen des Kreuzkrautes, als auch durch attraktive Blattfarben und -formen. So kontrastiert z. B. das grasartig anmutende Laub der Taglilien schön zu den großflächigen, glänzenden Blättern der Hosta und zu dem dunkleren, ledrigen Laub der Bergenien. Die immergrünen Gehölze und Stauden wie Bergenien und Immergrün bieten auch während der kalten Jahreszeit einen erfreulichen Anblick. An der südlichen, hohen Hauswand wächst ein Efeu mit gelb geflecktem Laub empor und erzeugt so die Illusion einer besonnten Wand. In der Mitte der seitlichen Begrenzungsmauern stehen sich zwei hohe, oben abgerundete Spiegel gegenüber. Sie wirken wie Öffnungen in benachbarte Gartenhöfe und täuschen einen endlos langen Raum vor. Insbesondere bei Dunkelheit erzeugen sie zusammen mit den ins Unendliche gespiegelten Kugelleuchten einen »magischen« Effekt.

Durch die vielfältigen Verwendungsarten bringen Kugelleuchten auf originelle Weise Licht ins Dunkel.

AUF EINEN BLICK

> **Größe des Innenhofes:** 8 m × 8 m = 64 m²

> **Bauliche Elemente:** Plattenflächen; Aushub für abgesenkte Fläche; Kantensteine; Kugelbrunnen und Leuchten; Spiegel.

> **Pflegeaufwand:** Pflege der Pflanzflächen; Schnitt der Formgehölze (ein- bis zweimal jährlich); Pflege des Wasserbeckens: regelmäßige Wasserreinigung, v. a. im Frühjahr, Entleeren der Pumpe bzw. des Brunnens im Herbst.

Bauliche Elemente

① Plattenfläche mit Sitzplatz
② Kugelleuchten
③ Spiegel mit Holzrahmen
④ Gartenmauer
⑤ Kugelbrunnen

Bepflanzung

⑥ Taglilie *(Hemerocallis-*Hybride 'Limited Edition'), Hosta *(Hosta-*Hybride 'Sum and Substance'), Bergenie *(Bergenia-*Hybride 'Brahms')
⑦ Großes Immergrün *(Vinca major* 'Variegata')
⑧ Bergenia 'Brahms', *Hosta-*Hybride 'Sum and Substance', Astilbe *(Astilbe × arendsii* 'Diamant')

⑨ Kreuzkraut *(Ligularia-*Hybride 'Zepter')
⑩ Säulen-Eibe *(Taxus baccata* 'Fastigiata Aureomarginata')
⑪ Buchskugeln *(Buxus semper-virens)*
⑫ Gelbbunter Efeu *(Hedera helix* 'Goldheart')

Ein pflegeleichter Innenhof

Dieser Innenhof erfordert nur geringe Pflegemaß-nahmen, ist aber dennoch als ein ansprechendes kleines Gartenzimmer gestaltet, das die Bewohner des Hauses einlädt, sich so oft wie möglich im Freien aufzuhalten und so das vielgepriesene »Gartenwoh-nen« zu verwirklichen.

Beinahe das ganze Geviert des Hofes ist von schma-len Hochbeeten umgeben, in denen kleine Sträucher und robuste Stauden einen Platz finden. Durch die erhöhten Flächen der Beete sind Pflegemaßnahmen ohne großes Bücken in ermüdungsfreier Körper-haltung problemlos möglich.

Hochbeete ermöglichen dem Betrachter ein unmittelbares Erleben der Pflanzen. Sie sind einfach zu pflegen, sehen schön aus und lassen sich gut mit Sitzbänken kombinieren.

Zwischen den Hochbeeten am Haus befindet sich ein großzügiger Essplatz mit einer Eckbank, der genügend Platz für geselliges Beisammensein bietet. Das Unterteil der Bank ist gemauert und die Sitzflächen sind aufklappbar, so dass ein Stauraum, beispielsweise für Gartengeräte oder Sitzkissen, entsteht.

Hochbeet und Schattenbaum

In der Fläche des Hofes befindet sich ein weiteres, achteckiges Hochbeet, dessen Form gut mit der Möblierung des Essplatzes korrespondiert. Ein kleinkroniger Baum mit attraktiven Blüten und prächtiger Herbstfärbung spendet dem Sitzplatz Schatten und gibt der Bepflanzung des Hofes die erforderliche Höhe. Das Hochbeet ist von einer Holzbank umgeben, die zusätzliche Sitzplätze am Esstisch schafft, aber auch – je nach Sitzrichtung – weitere Sonnen- und Schattenplätze bietet. Von hier aus kann man den Hof nach allen Seiten betrachten.

Der Plattenbelag harmoniert schön mit den übrigen Materialien und wirkt freundlich und großzügig. Bei einer schlichten Gestaltung wie in diesem Beispiel können Material und Verlegeart der befestigten Fläche ruhig etwas aufwendiger gewählt werden und so zu einem interessanten und stimmigen Gesamtbild beitragen.

Pflegeleichte Stauden

Die Hochbeete entlang der Mauern bieten sich an für eine Bepflanzung mit Kleinsträuchern und Stauden für den sonnigen bis halbschattigen Bereich. Schön wirkt es, wenn man bei solchen Beeten darauf achtet, dass einige Pflanzen mit langen Trieben oder überhängendem Wuchs die harten Beetkanten überwachsen und die Mauern elegant umspielen. Sogenannte Bodendeckerrosen, die je nach Sorte sehr lange Triebe haben können, aber zum Beispiel auch nicht zu stark wachsende Cotoneaster-Arten eignen sich

Eine traditionelle Bank, die den Baumstamm umgibt, bietet sowohl sonnige als auch schattige Sitzplätze.

dafür ausgezeichnet. Kletterpflanzen, mit denen man die Begrenzungsmauern des Hofes »anmalen« kann, sorgen für Höhe und schaffen zusätzliche Blickpunkte. Wenn man sich bei der Wahl der Stauden, die die Gehölze begleiten, für robuste und wüchsige Arten wie zum Beispiel Storchschnäbel, Bergenien, kleine Taglilien oder niedrige Glockenblumen entscheidet, wird sich der Pflegeaufwand für die Pflanzflächen auf ein Minimum beschränken.

AUF EINEN BLICK

> **Größe des Innenhofes:** 6 m × 6 m = 36 m²

> **Bauliche Elemente:** Plattenbelag; Hochbeete; Eckbank; Sitzbank um das zentrale Hochbeet.

> **Pflegeaufwand:** Pflege der Pflanzflächen (Düngen, Jäten, Rückschnitt von Verblühtem).

Bauliche Elemente

① Hochbeet mit Sitzbank
② Hochbeete
③ Gartenmauer
④ Sitzplatz mit Eckbank

Bepflanzung

⑤ Sommer-Margerite (*Leucan-themum* × *superbum* 'Silber-prinzesschen'), Storchschnabel (*Geranium*-Hybride 'Brookside'), Polster-Glockenblume (*Campa-nula poscharskyana* 'Lilac Mist')
⑥ *Geranium*-Hybride 'Brookside'
⑦ Bergenie (*Bergenia*-Hybride 'Herbstblüte')

⑧ Zier-Salbei (*Salvia nemorosa* 'Adrian')
⑨ Zwerg-Elfenbein-Ginster (*Cytisus* × *kewensis*)
⑩ Deutzie (*Deutzia* × *rosea*)
⑪ Hortensie (*Hydrangea arborescens* 'Annabelle')
⑫ Bodendeckerrose 'Swany'
⑬ Kletterrose 'Lawinia'
⑭ Zier-Kirsche (*Prunus* × *hillieri* 'Spire')

Adressen, die Ihnen weiterhelfen

Gehölze

Lorberg Baumschulerzeugnisse
14641 Tremmen
Tel.: (033233) 840
www.lorberg.com

Lorenz von Ehren
21077 Hamburg
Tel.: (040) 76108-0
www.lve-baumschule.de

Bruns Pflanzen
26146 Bad Zwischenahn
Tel.: (04403) 601-0
www.bruns.de

Rosen

W. Kordes Söhne Rosenschule
25365 Klein Offenseth-
Sparrieshoop
Tel.: (04121) 48700
www.kordes-rosen.com
(Rosen, Clematis)

Rosenhof Schultheis
61231 Bad Nauheim-Steinfurth
Tel.: (06032) 925280
www.rosenhof-schultheis.de
(Historische und Moderne Rosen,
Clematis, Flieder, Buchs, Zubehör)

Stauden

Albrecht Hoch
14163 Berlin
Tel.: (030) 8026251
www.albrechthoch-shop.de
(Blumenzwiebeln und -knollen,
Päonien, Iris, Besonderheiten)

Arends Maubach
Staudengärtnerei + Gartenkultur
42369 Wuppertal
Tel.: (0202) 464610
www.arends-maubach.de
(Großes Sortiment, Schwerpunkte
u. a. Astilben, Euphorbia, Phlox,
Rittersporn, zahlreiche eigene
Züchtungen)

Stauden Stade
46325 Borken-Merbeck
Tel.: (02861) 2604
www.stauden-stade.de
(Großes Sortiment, Blütenstauden,
Wildstauden, Raritäten, Sumpf- und
Wasserpflanzen)

Staudengärtnerei Schöllkopf GbR
72770 Reutlingen (Betzingen)
Tel.: (07121) 54971
www.staudengaertnerei.net
(Großes Sortiment, Schwerpunkte
u. a. Astern, Chrysanthemen, Phlox,
Glockenblumen)

Staudengärtnerei
Gräfin von Zeppelin
79295 Sulzburg-Laufen
Tel.: (07634) 55039-0
www.graefin-von-zeppelin.de
(Großes Sortiment, Schwerpunkte
u. a. Iris, Hemerocallis, Pfingstrosen)

Landhaus Ettenbühl
79415 Bad Bellingen-Hertingen
Tel.: (07635) 82797-0
www.landhaus-ettenbuehl.de
(Riesiges Angebot an historischen
und modernen Rosen, Stauden,
Gehölzen, Zubehör)

Staudengärtnerei Spatz & Frank
82386 Oberhausen
Tel.: (08803) 4780900
www.stauden-spatzundfrank.de
(Großes Sortiment, Wildstauden,
Bauerngartenstauden, Präriestau-
den etc.)

Staudengärtnerei Gaissmayer
89257 Illertissen
Tel.: (07303) 7258
www.gaissmayer.de
(Großes Sortiment, Schwerpunkte
u. a. Hosta, Phlox, Kräuter und
Duftpflanzen)

Rottaler Pfingstrosen
Heinz Enzinger-Panitz
94116 Stubenberg
Tel.: (08574) 919779
www.paeonien-versand.de
(Riesiges Sortiment an Stauden-
Pfingstrosen, Strauchpäonien
und Intersektionellen Hybriden
und Taglilien)

Die Staudengärtnerei Till Hofmann +
Fine Molz GbR
97348 Rödelsee
Tel.: (09323) 8752230
www.die-staudengaertnerei.de
(Umfangreiches Sortiment, Besonderheiten, Heimische Stauden)

Österreich

Stauden Feldweber
A-4974 Ort im Innkreis,
Oberösterreich
Tel.: + 43 (0) (7751) 8320
www.feldweber.com

Sarastro Stauden
A-4974 Ort im Innkreis,
Oberösterreich
Tel.: + 43 (0) (7751) 8424
www.sarastro-stauden.com
*(Großes Sortiment, Schwerpunkte
u. a. Geranium, Hemerocallis,
Hosta, Iris, Alpine, Besonderheiten)*

Bambus

Bambus-Zentrum München
Rote-Kreuz-Str. 12
85737 Ismaning
www.bambus-muenchen.de

Beleuchtung

Louis Poulsen & Co.
40221 Düsseldorf
Tel.: (0221) 73279-0
www.louispoulsen.com

Moonlight Außenleuchten
79739 Schwörstadt
Tel.: (07762) 709-0
www.moonlight.info

Garten- und Landschaftsbau

Avantgardeners
28197 Bremen
Tel.: (0421) 529350
www.avantgardeners.de
*(Kreative Pflastergestaltung, Mo-
saike, Gartenkeramik, Accessoires)*

Gärtner von Eden e.G.
40880 Ratingen
Tel.: (02102) 5513950
www.gaertner-von-eden.de
*(Genossenschaft anspruchsvoller
Gartengestalter in Deutschland,
Österreich und der Schweiz)*

Die Gärtnerin
Catharina Baldauf
81476 München
Tel.: (089) 13039212
www.diegärtnerin.de
*(Planung, Ausführung, Umgestal-
tung, Gartenpflege, Pflanzkonzepte,
Zertifizierte Pflanzengestalterin)*

Steine, Pflaster, Platten, Bauteile

Renate Weber
Exclusive Architektur- und
Gartenornamente
49076 Osnabrück
Tel.: (0541) 65127
www.renate-weber.de
*(Pavillons, Terrassenplatten, Brun-
nen, Vasen, Figuren, Urnen etc.)*

Steinalt Baustoff & Handel
67433 Neustadt an der Weinstraße
Tel.: (06321) 186060
www.steinalt.de
*(Natursteinpflaster und -platten,
Mauersteine, Findlinge, Säulen,
Brunnen, Tröge, Figuren etc.)*

Gartengeräte, Zubehör

Gärtner Pötschke
41564 Kaarst
Tel.: (01805) 861100
www.poetschke.de
*(Gartengeräte, Gartenmöbel,
Pflanzgefäße, Bewässerung,
Gartenkleidung, Rankhilfen,
Winterschutz, Blumenzwiebeln,
Stauden, Gehölze, Rosen uvm.)*

Werkstatt für Gartenkeramik
Brigitte Peglow
85737 Ismaning
Tel.: (089) 51079411
www.brigitte-peglow.de
*(Wunderschöne handgefertigte Gar-
tenkeramik)*

Gartenbedarf-Versand Richard Ward
87733 Markt Rettenbach
Tel.: (08392) 1646
www.gartenbedarf-versand.de
*(Hochwertige Gartenwerkzeuge,
Gartenhilfsmittel, Gartendekoration)*

Manufactum
Deutschlandweit
www.manufactum.de
*(Gartengeräte, originelle Garten-
möbel, Gartentextilien, Garten-
duschen, Sichtschutz, Gartenhäus-
chen, Gartendeko uvm.)*

Stichwortverzeichnis

Bildnachweis

Borstell: S. 4, 5, 9, 14, 19, 22, 23, 26, 27, 30, 31, 34, 35, 38, 39, 42, 46, 47, 58, 66, 67, 74, 75, 79, 82, 83, 91
Kompatscher: S. 70
Liz Eddison/The Garden Collection: S. 10r, 94
Andrew Lawson/The Garden Collection: 10l
MMGI/Marianne Majerus/Grafton Cottage, Staffs: 11
Moonlight GmbH: S. 99
Nicolas Stocken Tomkins/The Garden Collection: S. 95
Niehoff: S. 71
Redeleit: S. 1, 8, 18, 87
Reinhard: S. 62, 63, 78, 90, 98, 102
Strauß: S. 1, 13, 15, 43, 86, 103
Timmermann: 1, 2/3, 12, 50, 51, 54

Entwürfe der Gartenpläne und Grundrisse:
Helga Gropper
Perspektivische Grafiken: Sylvia Bespaluk

Über die Autorin

Helga Gropper arbeitete nach ihrer Ausbildung zur Staudengärtnerin in verschiedenen renommierten Gärtnereien im In- und Ausland. Anschließend absolvierte sie ein Studium der Landschaftsarchitektur an der Fachhochschule Weihenstephan und arbeitete mehrere Jahre bei verschiedenen Landschaftsarchitekten. Seit einigen Jahren ist Helga Gropper als freischaffende Gartenplanerin und Buchautorin tätig. Mehr Infos unter: *www.bluetenmehr.de*

Impressum

© 2021 GRÄFE UND UNZER VERLAG GmbH, München

Ein Unternehmen der
GANSKE VERLAGSGRUPPE

Umschlagabbildungen:
Vorderseite: BLV Buchverlag
Rückseite: Strauß (links), Nicolas Stocken Tomkins/ The Garden Collection (Mitte), Borstell (rechts)

Programmleitung Garten: Dr. Thomas Hagen
Lektorat: Sonja Forster
Herstellung: Timo Wenda
Satz: Uhl + Massopust GmbH, Aalen
Druck und Bindung: Firmengruppe APPL, aprinta druck, Wemding

ISBN 978-3-8354-1370-2

6. Auflage 2022

Hinweis

DIE KÖNNTEN SIE
AUCH INTERESSIEREN.